순전한 감사
넘치는 은혜

순전한 감사 넘치는 은혜

아름다운동행*

Contents

프롤로그 · 순전한 감사로 넘치는 은혜를! 6

Chapter 01
꼭 전하고 싶은 마음
사랑

미국인의 식단을 바꾼 크로웰 14
하나님 편에 선 에이브러햄 링컨 18
감사 십계명 실천하기 22
감사의 복리 26
세상에서 가장 못생긴 여자 30
피해자 엄마와 가해자 엄마 34

편견의 벽 허문 이자익 목사 39
한국의 장발장 민학근 목사 45
오직 주님만 섬기다 간 장기려 박사 49
그 청년 바보의사 안수현 54
국회의원에서 생선장수된 전도자 장경수 59

Chapter 02
다시 일어설 수 있는 힘
희망

'고통의 끝자리'에서 들린 음성 66
'장애'에서 삶의 의미 찾은 고정욱 작가 70
역경 너머에 있는 'with you' 74
희망을 전하는 피아니스트 78
모든 것이 하나님의 은혜 83
마가렛 리의 '엄마가 아름다운 이유' 88

꿈과 믿음이 기적을 낳습니다 94
모리타니 마마의 감격 98
"그 은혜가 네게 족하도다" 102
내 눈에는 희망만 보였다 107
나는 이제 천국으로 간다 113
아~ 이것이 하나님의 마음이군요! 118

죽음을 두려워하지 않은 사람들 *122*
하나님이 나의 전부였습니다 *128*
랜디 포시의 '마지막 강의' *131*

밀알선교회 이재서 박사 *135*
함께 하시는 하나님 발견 *140*
병마와 싸우며 체험한 기적의 시작 *145*

Chapter 03
아름다운 마음에 깃드는 은혜
섬김 · 나눔

달동네 소년이 믿은 '약속' *152*
사역으로 이끄심의 은혜 *156*
소풍같은 삶을 살다간 사람 *160*
양화진 묘역에 묻힌 외국인 선교사들 *164*
굿모닝 추장님의 정글선교 *170*
'가시밭길 백합화' 문준경 *174*
'청계천 빈민의 성자' 노무라 모토유키 *180*

라오스에서 온 사역자의 고백 *185*
선교영화 '마마 루카 귀향하다' *192*
조선에서 가장 행복한 소녀 *196*
하나님, 오늘 저는 살아있습니다 *202*
뜨거운 선교의 피가 흐른다 *207*
전신마비 환자에서 전도자로 *214*

Chapter 04
하나님 나라의 언어
찬양

찬양사역자 고형원 *222*
미국 복음성가의 아버지 앤드류 도르시 *226*
십자가 그늘 아래 *231*
베르디의 오페라 '나부코' *235*
찬송시인 오베다이아 치숌 *240*

예수 우리 왕이여 *244*
'가시나무' 란 노래를 아십니까? *248*
미국을 뒤흔든 노래 *252*
내 주의 보혈은 정하고 정하다 *256*
가장 귀한 직함 '집사' *262*

프롤로그

순전한 감사로 넘치는 은혜를!

"내 영혼아 야훼를 송축하며
그의 모든 은택을 잊지 말지어다."

'믿음'과 '감사'는 동전의 앞뒷면과도 같습니다.

믿음이 있으면 모든 것을 감사로 표현하지만, 믿음이 없으면 불평과 원망을 하게 됩니다. 누가복음 17장에 나오는 열 명의 나병환자 이야기를 보면, 감사를 아는 사람과 모르는 사람의 모습이 극명하게 드러납니다.

"우리를 불쌍히 여기소서!"

예수님이 예루살렘으로 가시는 길에 사마리아와 갈릴리 사이로 지나실 때 한 마을에 들어가시는 것을 보고 나병환자 열 명이 외쳤습니다. '멀리 서서 소리를 높여' 외쳤다고 기록되어 있습니다.

"다윗의 자손 예수 선생님이여, 우리를 불쌍히 여기소서!"

소문으로만 듣던 치료자 예수, 바로 그 예수 선생님이 이 길을 지나가신다는 사실을 알고 그때를 놓칠세라 소리 높여 자신들의 뜻을 전했습니다. 이들은 철저히 격리되어 있어 자의적으로 예수님이 계시는 곳을 찾아다닐 수 있는 사람들이 아니었기 때문에 예수님이 지나가시는 그 순간을 적극적으로 활용해야 했습니다.

그 나병환자들을 향해 예수님은 단 한마디의 말씀을 하셨습니다.

"가서 제사장들에게 너희 몸을 보이라"

어떤 다른 수순도 없이 바로 '제사장에게 가서 몸을 보이라'고 하신 것은 즉각적인 치유를 의미합니다. 예수님의 말씀을 듣고 '제사장에게로 가다가' 즉시 자신들의 나병이 나음을 확인했습니다.

엎드려 감사드린 '한 사람'

분명히 말씀 한 마디로 열 사람이 다 함께 고침을 받았음에도 불구하고, 예수님께 돌아와 엎드려 감사한 사람은 단 '한 사람' 뿐이었습니다.

"…큰 소리로 하나님께 영광을 돌리며 돌아와 예수의 발아래에 엎드리어 감사하니 그는 사마리아 사람이라."

감사하기 위해 와서 엎드린 그 한 사람은, '우리를 불쌍히 여겨 달라'고 예수님께 외치던 것과 동일한 모습으로 '큰 소리로' 하나님께 영광을 돌리며 예수님의 발아래 엎드린 것입니다. 똑같이 감사의 조건을 부여받아도 하나님께 감사와 영광을 돌리는 사람은 이렇게 극소수입니다. 여기서도 얄팍하기 그지없는 인간의 심리를 여실히 드러내 보여줍니다.

돌아와서 엎드려 감사한 그 '한 사람'은 하나님으로부터 받은 은혜가 무엇인지를 진정으로 아는 사람이며, 자신에게 일어난 치유의 사건이 어디로부터 온 것인지, 얼마나 큰 기적인지, 얼마나 감사한 일인지를 깨달은 사람입니다.

여기서 그 '한 사람'에 대해 더 놀라운 사실은 그는 당시 유대인들이 상종도 하지 않던 이방인 사마리아인이었습니다. 그럼에도 불구하고 정작 하나님을 잘 섬긴다는 유대인들이 아닌, 그들이 멸시하고 무시했던 사마리아인만이 와서 감사를 드렸던 것입니다.

"그 아홉은 어디 있느냐?"

그 자리에서의 예수님의 일갈은 우리의 가슴을 뜨끔하게 합니다.

"…열 사람이 다 깨끗함을 받지 아니하였느냐. 그 아홉은 어디 있느냐. 이 이방인 외에는 하나님께 영광을 돌리러 돌아온 자가 없느냐?" (누가복음 17장 17-18절)

이방인은 돌아와 엎드려 감사하는데, 고침 받은 아홉 명의 유대인은 모두 어디로 갔느냐고 꾸짖으십니다.

유대인의 영적 교만이 보입니다.

신앙의 가장 큰 위기는 자신도 모르게 감사가 사라지고, 영적 생명력을 잃어 신앙생활이 형식적이고 습관적으로 흘러갈 때입니다.

'내가 교회를 오래 다녔는데', '내가 그래도 이런 직분을 갖고 있는데', '내가 교회 봉사도 많이 하는데', '내가 헌금도 많이 하는데' 하는 '영적 교만'이 마음에 들어오면 감사가 사라지기 시작합니다. 동시에 신앙생활 이곳저곳에 문제가 생겨나고, 그러면서도 결국은 '자기 의'에 빠져서 교만한 줄도 모르는 위험한 지경에 이릅니다.

"네 믿음이 너를 구원하였느니라"

하지만 교회 나온 지 얼마 되지 않았어도, 기독교에 대한 상식이나 세상 학식의 유무나, 재산의 많고 적음과 아무 상관없이 그저 구원의 은혜에 감격하여 넘치는 감사를 드리면, 주님의 축복을 깨닫고 감사하는 그 고침받은 사마리아인과 같습니다.

"그에게 이르시되 일어나 가라 네 믿음이 너를 구원하였느니라."

감사할 줄 아는 사람에게 임하는 주님의 축복입니다. 구원의 감격을 늘 기억하는 것이 믿음이며 축복입니다. 경계해야 할 일은 '교만'입니다. 하나님이 하신 일을 자기가 한 줄로 착각하는 것이 교만입니다.

주님께서 인정하시는 믿음의 사람들은 교회를 오래 다니면 오래 다닐수록, 예배를 드리면 드릴수록, 겸손하게 믿음의 향기를 발하며 감사가 샘솟듯 합니다. 이런 믿음의 사람들에게 주님은 복에 복을 더해 주십니다.

절대 긍정 절대 감사의 열매

[감사, 행복의 샘](2013년), [감사 플러스, 긍정 플러스](2014년)에 이어

이번에 [순전한 감사, 넘치는 은혜]까지, 매년 한권씩 펴낼수 있도록 인도하신 하나님께 감사와 영광을 올려드립니다.

제 삶과 목회의 철학이기도 한 "절대긍정, 절대감사"가 이 세권에 실린 감사이야기들에 녹아있고, 여기에 다 싣지 못한 이야기들 역시 구원받음에 대한 감사와 예수 그리스도의 무한하신 사랑으로 인한 감사를 고백하는 이야기들일 것입니다.

"내 영혼아 야훼를 송축하며 그의 모든 은택을 잊지 말지어다."

(시편 103편 2절)

이 모든 감사이야기들이 감사의 삶을 사는데 도움이 되시길 기도하며, 축복합니다.

여의도 목양실에서 **이영훈** 목사

Chapter 01

꼭 전하고 싶은 마음
사랑

미국인의 식단을 바꾼
크로웰

"저로 하여금 돈을 벌게 해주시고
'하나님의 사역'을 위해 그 돈을 사용할 수 있게 해주신다면,
저의 이름은 절대 드러내지 않겠습니다."

미국인의 아침식사를 바꾼, 아침 식단의 황제라고 불리운 '시리얼의 왕', 헨리 파슨스 크로웰의 이야기를 소개해드립니다. 크로웰은 미국에서 가장 큰 오트밀 회사 '퀘이커 오츠 The Quaker Oats Company'를 세운 사람입니다.

9살 때 아버지와 동생들을 폐결핵으로 잃고, 본인 역시 폐결핵을 앓았습니다. 투병 중에 무디 선생님의 부흥회에 참석했다가 '오직 한 번 밖에 살 수 없는 인생, 하나님께 쓰임 받는 위대한 생애를 살자!'라는 말씀이 마음에 부딪쳐 왔습니다. 한 번 사는 인생, 하나님께 붙잡혀서 하나님을 기쁘시게 하는 삶을 살아야 하겠다고 다짐했습니다.

"한 평생 십일조를 드리겠습니다. 하나님의 사역을 위해 돈을 벌겠습니다."

사업가로서의 꿈을 가지고 그는 고백했습니다.

"저는 무디 선생님처럼 사람들 앞에서 말씀을 전할 줄도 모릅니다. 그렇지만 저도 하나님 아버지를 위해 '무언가 중요한 일'을 할 수는 있습니다. 하나님, 제가 돈을 벌어서 무디 선생님 같은 분의 사역에 도움을 드릴 수 있을 것 같습니다. 하나님, 저로 하여금 돈을 벌게 해주셔서 '하나님의 사역'을 위해 그 돈을 사용할 수 있게 해주신다면, 저의 이름은 절대 드러내지 않겠습니다."

"오직 하나님께만 영광을 돌리겠습니다!"

남북전쟁이 끝난 후 온 미국이 경제적으로 어려움에 빠져있을 때 아침일찍부터 일을 해야 하는 사람들을 위해 시리얼, 오트밀 같은 아침식사 대용식을 개발해냈습니다. 우유만 부으면 식사준비가 되는 겁니다. 영양가 있는 시리얼로 아침식사를 하고 일찍부터 나가 일을 하게 되니 시간도 절약되고 건강하게 일도 할 수 있게 되어, 미국의 음식 문화를 바꿔놓은 독보적인 인물이 되었습니다.

늘 기도하며, 하나님의 영광을 위해서 헌신하며, 하나님과의 약속을 실천했습니다. 그 많은 수입을 사회에 다 환원했습니다. 범죄 예방기

구에도 많은 기금을 기부하고 가난하고 굶주린 사람들을 위해서도 기금을 내 놓아 그들을 섬겼습니다.

90살이 가까운 노년에도 늘 '맑은 정신과 건강한 몸'으로 매일 기차역까지 걸어 다니고 성경말씀을 묵상하며 자신에게 '하나님은 과연 내가 이 일을 하길 원하실까?'를 늘 질문했다고 합니다.

89세로 하나님의 부름을 받은 헨리 파슨스 크로웰의 장례식에서 무디 성경학교의 윌 호튼 교장 선생님은 추도사를 통해 크로웰을 이렇게 표현했습니다.

"제가 만나본 사람 중에 '예수님을 가장 많이 닮은 분'이셨습니다. 그 분은 자신이 한 모든 일에서 '예수 그리스도'를 드러내려고 부단히 애쓰셨습니다. '세상의 박수갈채'를 원하셨던 게 아니라, '하나님으로부터 잘했다는 인정'을 받고 싶으셨을 겁니다."

한 번 뿐인 인생, 두 번 다시 오지 않을 인생입니다.

"우리가 알거니와 하나님을 사랑하는 자 곧 그의 뜻대로 부르심을 입은 자들에게는 모든 것이 합력하여 선을 이루느니라" (로마서 8장 28절)

미국 우드랜즈 펠로십교회의 담임 목사인 케리 슉은 그의 책 '내 생애 마지막 한달'에서 성경에 나오는 열 명의 나병 환자에 대한 이야기를 이렇게 표현했습니다.

"열 명이 모두 선물을 받았지만, 오직 한 명만이 포장지를 벗겨 진짜 선물이 무엇인가를 확인했다"

진정 믿음으로 감사하는 사람만이 하나님이 주시는 구원의 은혜를 누릴수 있습니다.

나의 감사

_____
_____
_____
_____
_____
_____
_____
_____

하나님 편에 선
에이브러햄 링컨

나의 유익을 위해 하나님을 끌어들이는 것이 아니라
하나님의 영광을 위해 일을 하는 것이 그리스도인입니다.

미국 역사상 가장 존경받는 인물은 제 16대 대통령 에이브러햄 링컨입니다. 그는 노예해방을 하나님의 뜻으로 알고 동족끼리의 전쟁도 감수했던 하나님의 사람이자 기도의 사람이었습니다.

1861년부터 65년까지 미국은 남북전쟁으로 인해 당시 인구의 3%에 해당하는 103만 명의 사상자를 냈고, 전사자만도 62만 명에 달했습니다. 처음에는 북군이 남군에게 밀리는 전세였습니다. 아주 탁월한 전략가인 '로버트 리'라는 장군이 있었습니다. 그래서 계속 북군을 공격했고, 남군은 여러 전투에서 승리했습니다. 북군 참모들이 말했습니다.

"하나님은 우리 편이 아닌가봅니다."

"하나님은 저들 편인가봅니다."

그때 에이브러햄 링컨은 유명한 말을 남깁니다.

"우리 편이 되어 달라고 하나님께 기도하지 마시고, 우리가 하나님의 편에 서게 해 달라고 기도해 주십시오."

우리가 살아가는 동안 하나님을 내편으로 만드는 것이 아니라, 우리가 하나님의 편에 서야 하는 것입니다. 나의 유익을 위해 하나님을 끌어들이는 것이 아니라 하나님의 영광을 위해 일을 하는 것이 그리스도인입니다.

에이브러햄 링컨 대통령은 이 전쟁에 승리하고 나서 곧 암살당했습니다. 노예제도 폐지를 주창하며 늘 암살에 대한 위협을 느끼고 있었기 때문에 평소에 이렇게 말했습니다.

"만약 내가 암살자의 손에 죽어야 하는 것이 하나님의 뜻이라면, 나는 분명 그것을 받아들일 것입니다. 그러나 그때까지 나의 의무를 다 할 것이고, 나머지는 하나님께 맡길 것입니다."

그는 자기 목숨을 내어놓고 노예해방이라고 하는 위대한 사명을 완수했습니다. 하나님의 사람의 삶은 바로 이런 것입니다. 그리스도인으로 불러주신 감사의 마음이 그에게 뜻을 세워 그런 결단의 삶을 살게 합니다.

"내가 진실로 진실로 너희에게 이르노니 한 알의 밀이 땅에 떨어져 죽지 아니하면 한 알 그대로 있고 죽으면 많은 열매를 맺느니라" (요한복음 12장 24절).

한 번뿐인 인생, 의미 있는 삶은 아름다운 흔적으로 남습니다. 후회 없는 삶을 살기 위해서는 성령에 사로잡혀 살아야 합니다. 분명한 목표를 세우고 하나님의 영광을 위해서 살아가는 것입니다. 하나님께서 원하시는 일, 기뻐하시는 일을 위해서 목숨 바쳐 헌신할 수 있다면 그는 인생의 승리자입니다.

"나는 마음이 온유하고 겸손하니 나의 멍에를 메고 내게 배우라 그리하면 너희 마음이 쉼을 얻으리니 이는 내 멍에는 쉽고 내 짐은 가벼움이라 하시니라" (마태복음 11장 29-30절)

남아프리카에 가장 큰 영향력을 끼친 앤드류 머레이 목사는 '주님과 동행하는 삶'이란 그의 책에서 이와 같은 고백을 했습니다.

"아침에 잠에서 깨어났을 때는 하나님의 임재를 굳게 믿고 하루를 시작하고, 밤이 되면 '나의 구주 예수님이 함께 하신다'라고 생각하며 잠자리에 누우십시오. 낮이든 밤이든 어느 때든지 늘 주님을 바라보며 '항상 주님을 의지 합니다'라고 고백하십시오. '나의 왕께서 날마다 나와 함께 하신다'라고 고백하십시오. 주님과의 약속을 기억하며 그분을 끝까지 신뢰하십시오. 이것이 주님과 동행하는 삶입니다."

감사 십계명
실천하기

매일 매일의 감사가 쌓이면
한 해를 의미 있고 행복하게 완성할 수 있으리라 확신합니다.

송구영신 예배를 드리면서 평생 절대 긍정과 절대 감사의 믿음으로 살아가자고 다짐했던 것을 떠올려 봅니다. 그 다짐은 삶 가운데 때때로 어려운 일이 다가와도 용기와 희망을 가질 수 있는 원동력이 되고, 감사와 나눔을 통해 더 큰 기쁨이 되어 돌아왔습니다.

오늘 이 순간도 감사와 행복의 시간입니다.

며칠 전 '감사 십계명'이라는 제목의 메일을 받고 많은 이들과 공유하고 싶다는 생각을 했습니다. 제시된 항목들을 기억하여 감사를 실천한다면 매일 매일의 감사가 쌓여 한 해를 의미 있고 행복하게 완성할 수 있으리라 확신합니다.

감사 십계명

❶ 생각이 곧 감사다.

생각think과 감사thank는 어원이 같다. 깊은 생각이 감사를 불러일으킨다.

❷ 작은 것부터 감사하라.

바다도 작은 물방울부터 시작되었다. 아주 사소하고 작아 보이는 것에 먼저 감사하라. 그러면 큰 감사거리를 만나게 된다.

❸ 자신에게 감사하라.

성 어거스틴St. Augustin은 이런 말을 남겼다.

"인간은 높은 산과 태양과 별들을 보고는 감탄하면서 정작 자신에 대해서는 감탄하지 않는다."

자신에게 감사하는 것은 매우 중요하다.

❹ 일상을 감사하라.

숨을 쉬거나 맑은 하늘을 보는 것처럼 관심을 가지지 않으면 절대 할 수 없는 감사가 어려운 감사이다.

❺ 문제를 감사하라.

문제에는 항상 해결책도 있게 마련이다.

6 더불어 감사하라.

장작도 함께 쌓여있을 때 더 잘 타는 법이다. 가족끼리 감사를 나누면 30배, 60배, 100배의 결실로 돌아온다.

7 그럼에도 불구하고 감사하라.

결과를 보고 감사하지 말라. 문제 앞에서 드리는 감사가 더 아름답다.

8 잠들기 전 시간에 감사하라.

대부분의 사람들이 짜증과 걱정을 안고 잠자리에 든다. 잠들기 전의 감사는 영혼의 청소가 된다.

9 감사의 능력을 믿고 감사하라.

감사에는 메아리 효과가 있다. 감사하면 감사한 대로 이루어진다.

10 모든 것에 감사하라.

당신의 삶에서 은혜와 감사가 아닌 것은 단 한 가지도 없다.

"오직 강하고 극히 담대하여 나의 종 모세가 네게 명령한 그 율법을 다 지켜 행하고 우로나 좌로나 치우치지 말라 그리하면 어디로 가든지 형통하리니 이 율법책을 네 입에서 떠나지 말게 하며 주야로 그것을 묵상하여 그 안에 기록된 대로 다 지켜 행하라 그리하면 네 길이 평탄하게 될 것이며 네가 형통하리라" (여호수아 1장 7-8절)

감사 묵상

어느 장로님의 자녀교육 7계명을 소개합니다.

하나, 하루를 기도로 시작하라.

둘, 선명한 비전과 분명한 목적을 가져라.

셋, 겸손한 신앙인이 되어라.

넷, 꿀벌처럼 남에게 유익을 주는 신앙인이 되어라.

다섯, 나라와 민족을 위해 기도하는 신앙인이 되어라.

여섯, 신앙의 기업을 이어라.

일곱, 이웃을 위해 봉사하는 사람이 되어라.

현재 5대 째 믿음을 이어온 이 가문에는 장관과 국회의원, 법관, 교장, 기업체 회장 등 많은 지도자들이 배출되고 있습니다.

나의 감사

감사의
복리

매일 내리는 사소한 결정들은 어떠한 행동들의 원동력이 되고,
마치 인생에 대한 투자와도 같아서
차곡차곡 혹은 급격하게 늘어나기 때문입니다.

재테크의 한 가지 방법으로 복리複利상품을 활용하기도 합니다. 복리의 원리는 정한 기간의 기말마다 이자를 원금에 가산하여 그 합계액을 다음 기간의 원금으로 하는 이자 계산 방법에 따라 계산되는 것입니다. 그런데 이 복리의 법칙이 우리의 인생에도 적용되는 것을 보게 됩니다. 매일 내리는 사소한 결정들은 어떠한 행동들의 원동력이 되고, 마치 인생에 대한 투자와도 같아서 차곡차곡 혹은 급격하게 늘어나기 때문입니다.

작은 변화가 오늘을 만들었고 또 내일의 삶에 더 큰 결과를 가져오게 되는 것입니다.

　김기현 씨가 쓴 '마음의 눈으로 행복을 만지다'라는 책을 읽고 감명을 받은 기억이 있습니다. 상실감과 절망감·분노·원망이 바뀌어 평안과 감사가 넘치게 되고, 마음의 눈으로 자신과 세상을 바라보고 행복을 만지게 된 이야기가 담겨있습니다.

　자신이 원하는 대학에 우수한 성적으로 입학했던 그녀에게 어느 날 갑자기 사고가 생깁니다. 턱 수술을 하던 의료진의 실수로 인해 몸을

움직이지 못할 뿐 아니라 시력까지 잃게 됩니다. 고통 속에서 그녀는 이곳저곳에 매달려보았지만 아무런 변화도 나타나지 않았고 이내 절망에 빠지게 됩니다. 그러나 그녀는 절망으로 마침표를 찍지 않았습니다. 전신 마비가 되었지만 살아야 되겠다는 의지와 꿈을 가지고 재활훈련을 받으며 희망과 감사의 법칙을 쌓았습니다. 그렇게 내일 땀 흘려 노력한 결과, 4년 만에 몸을 제대로 움직일 수 있었습니다. 그 이후 점자도 배우고 열심히 공부하여 대학교, 대학원을 졸업하고, 가정을 꾸리게 됩니다. KBS 라디오에서 '김기현의 재활일기'라는 코너를 맡아 진행하면서 장애인들에게 꿈과 희망을 선사했습니다.

우리도 날마다 감사의 법칙을 실행하여 감사의 복리를 쌓아보는 것은 어떨까요? 감사가 쌓이고 쌓여 마침내 행복의 열매를 맺게 되고, 그 행복의 열매를 세상 사람들에게 나누어 주는 귀한 삶을 살아갈 수 있을 것입니다.

"그러므로 우리는 긍휼하심을 받고 때를 따라 돕는 은혜를 얻기 위하여 은혜의 보좌 앞에 담대히 나아갈 것이니라" (히브리서 4장 16절)

감사 묵상

로버트 콜먼 박사님의 '새 언약'이란 책에는 이런 이야기가 있습니다.

세 명의 사람이 천국 문 앞에 섰습니다. 천사가 그들에게 암호를 묻자, 한 부자는 "나는 교회에 헌금을 많이 했고, 사람들에게 존경도 받았습니다." 그리고 두번째로 온 외모가 훌륭한 사람은 "나는 성직자로서 주님을 섬겼습니다. 주님의 이름으로 의로운 일을 많이 했습니다."라고 말했습니다. 이 때 천사는 말했습니다. "당신들은 자격이 없습니다."

마지막으로 허리가 구부정한 할머니가 왔는데, "예수의 피, 나의 대답은 오직 예수의 피라오. 할렐루야! 그 예수의 피가 나를 씻겨준다네!"라며 손을 들고 노래합니다.

그러자 진주문이 활짝 열리면서 천사들의 합창이 울려 퍼지고 천국으로 들어갑니다. 그리고 이와 같은 노래가 들려왔습니다.

"천국에 들어갈 수 있게 해주시는 것이라고 주장할 수 있는 것은 예수 그리스도의 피뿐입니다. 그리고 영원히 하나님 앞에 나아갈 수 있는 암호입니다."

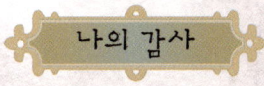

_____

_____

_____

_____

세상에서
가장 못생긴 여자

"더 이상은 희망이 남아 있지 않을 거라고 생각하던 시절, 나는 지금처럼 행복해지리라곤 상상조차 하지 못했습니다. 내 삶을 돌아보면 중요한 고비마다 '하나님'이 개입하셨다는 것을 잘 알 수 있습니다."

세상에서 가장 못생긴 여자라고 비난받던 여인이 있습니다. 그녀는 26세의 리지 발라스케스로 아무리 먹어도 살이 찌지 않는 희귀병을 갖고 태어났습니다.

900g의 아주 작은 미숙아로 태어났는데, 의사들은 얼마나 살 수 있을지 모르겠다고 걱정했습니다. 현재 몸무게는 27Kg으로 체내지방이 축적되지 않아 20분마다 조금씩 하루 60끼를 먹어야 생존할 수 있다고 합니다. 더구나 병이 악화되어 오른쪽 시력마저 잃은 그녀의 모습은 뼈와 가죽만 남은 살아있는 시체를 연상케 합니다.

다음은 그녀의 어머니가 쓴 일기의 한 부분입니다.

"1998년 9월 17일. 하나님은 너에게 많은 시련을 주셨어. 하지만 사랑하는 리지야, 거기엔 다 이유가 있단다. 엄마는 '하나님이 너를 항상 지켜주신다는 걸 알게 하려고' 너에게 시련을 주신 거라고 생각해. 태어날 때부터 너는 '기적'이었고, 앞으로도 많은 일을 할 거야. '언제나 사랑받고 있다'는 걸 잊지 말거라!"

고등학교 시절, 누군가 그녀의 모습을 몰래 찍어서 '세계에서 제일 못생긴 여자'란 제목으로 유튜브에 올렸습니다. 그걸 400만 명이 보았습니다. 그리고 거기에 수많은 악플이 달렸습니다. '그런 얼굴로 사느니 차라리 자살해라' 등등. 그러나 리지는 흔들리지 않았습니다. 예수님이 함께하심을 믿었기 때문입니다. 그녀는 이렇게 고백했습니다.

"사람들은 나에게 '죽으라'고 종용했지만, 난 '살아서 행복해질 것'을 선택했습니다. 무례한 사람들이 정해놓은 허상에서 벗어나, 내가 원하는 모습으로 살기로 결정한 것입니다."

그녀는 좀 더 구체적이고 실제적인 삶의 목표를 세웠습니다.

첫째, 동기부여 강연가가 되겠다. 둘째, 내 인생에 관한 책을 쓰겠다. 셋째, 대학을 졸업하겠다. 넷째, 가정을 이루겠다.

현재 26세인 그녀는 네 번째 목표를 빼놓고 다 이루었습니다. NBC와 CNN 등 TV에 나와 강연을 하는 유명인사가 되었습니다. 3권의 책을 쓴 저자로 그의 TED 강연 동영상은 700만 명이나 시청했다고 합니다.

그녀는 이렇게 고백합니다.

"더 이상은 희망이 남아 있지 않을 거라고 생각하던 시절, 나는 지금처럼 행복해지리라곤 상상조차 하지 못했습니다. 내 삶을 돌아보면 중요한 고비마다 '하나님'이 개입하셨다는 것을 잘 알 수 있습니다.

내가 행복을 느끼는 비결은 '하나님께서 부여하신 나만의 소명'을 알고 받아들였기 때문입니다. 하나님께서 나를 특별하게 쓰실 계획을 갖고 있다고 생각하면, 마음에 '감사함'이 우러나옵니다. 언제까지 내가 이 세상에서 살 수 있을지 모릅니다. 다만 살아있는 동안만큼은 '하나님의 뜻을 충실히 전할 수 있기'를 간절히 바랄 뿐입니다."

"내가 확신하노니 사망이나 생명이나 천사들이나 권세자들이나 현재 일이나 장래 일이나 능력이나 높음이나 깊음이나 다른 어떤 피조물이라도 우리를 우리 주 그리스도 예수 안에 있는 하나님의 사랑에서 끊을 수 없으리라" (로마서 8장 38-39절)

'레 미제라블'을 저술한 유명한 작가 빅토르 위고 Victor-Marie Hugo는 한때 주색과 타락한 생활로 허랑방탕한 삶을 살았습니다. 1841년 어느 여름날, 그의 사랑하는 딸 레오폴디느 위고가 익사하는 사고를 당했습니다.

위고는 사랑하는 딸의 죽음의 충격으로 글쓰기를 중단했습니다. 그러나 그 날 이후 인생관이 바뀌고 새로운 사람이 되었습니다. 그는 후생국에 들어가 가난한 사람들을 돌보며, 프랑스 국민들로부터 가장 존경받는 인물 가운데 한 사람이 되었습니다. 후일에는 다시 글쓰기를 시작해 '무정'이라는 명작도 쓰게 되었습니다. 그는 이렇게 고백합니다.

"예기치 않은 죽음앞에서 내 인생관이 달라졌습니다. 이 진리는 사랑하는 딸의 생명을 주고 산 것입니다"

나의 감사

피해자 엄마와
가해자 엄마

용서는 다른 사람을 위한 것처럼 보이지만, 실은 '자신을 위한 행동' 입니다.
가슴을 짓누르던 '분노와 증오'를 걷어가기 때문입니다.

원수의 관계에서 친구가 된 아주 아름다운 이야기가 있습니다. 여러분은 9·11 테러사건을 기억하실 것입니다. 미국 전체를 공포에 몰아넣었던 이 사건은 3천명 이상의 많은 희생자를 냈습니다. 뉴욕 월드트레이드 센터, 세계 무역센터 빌딩이 비행기와 충돌해 무너지면서 수많은 사람들이 희생됐습니다.

이때 뉴욕에 사는 로드리게스Phyllis Rodriguez · 72세 씨의 외아들이 세상을 떠났습니다. 당시 31살이었던 아들은 세계무역센터 103층의 한 증권회사 부사장이었습니다. 그날 아침에도 별일 없다고 전화 통화를 주고발은 것을 끝으로 더 이상 연락을 할 수 없게 되었고 시신조차 찾지 못했습니다. 아들이 떠난 지 오래되었지만, 외아들을 잃은 어머니의 마음은 여전히 아들이 그리웠습니다. 사진을 볼 때마다 너무나 마음이 힘들고 어려웠습니다.

그런데 이 아들의 사진 옆에 중년 여성의 사진이 있었는데, 아들을 죽음으로 내 몬 9·11 테러 가담자의 어머니 아이사 엘와피Aicha el-Wafi·68세의 사진입니다.

어떻게 그런 일이 가능하게 되었을까요? 처음 로드리게스는 외아들을 잃은 그 슬픔과 분노로 인해 실어증에 걸릴 정도의 큰 충격을 받았습니다. 그런데 어느 날, 신문을 통해 테러 가담자로 종신형을 선고받은 '무사위'라는 청년의 어머니에 관한 기사를 읽게 되었습니다. 아들이 종신형으로 감옥에 갇힘으로써 두 사람 모두 아들을 잃은 어머니의 마음으로 고통 가운데 있었기 때문에 2002년, 함께 만나는 기회를 갖게 됩니다.

가해자의 어머니 엘와피가 먼저 입을 엽니다.

"제 아들이 직접 테러를 하지는 않았지만 미국 사회에 증오 분위기를 만든데 대한 책임을 져야 된다고 생각합니다."

로드리게스는 대화를 나누면서 이 여인의 기구한 사연을 듣게 됩니다. 그녀는 모로코 출신의 여성으로 14살의 어린 나이에 시집을 와서 15

살 때 첫 아이를 낳고 16살 때 둘째 아이가 죽는 아픔을 겪었습니다. 프랑스에서 청소부로 일했으며, 자녀 4명과 함께 정신이상인 남편의 폭력에 시달리고 있었습니다. 더러운 아랍인의 아들이라는 조롱을 받고 자란 무사위는 결국 이슬람 과격주의에 빠져 테러에 가담하게 됩니다.

서로의 사정을 알게 된 두 어머니는 이후 전화와 이메일을 통해 소식을 교환하며 친구가 됩니다.

로드리게스는 무사위에게 사형이 선고되었을 때에도 미국정부를 향해 그의 사형 반대 운동을 펼칩니다.

이 일이 소개되자 많은 사람들이 큰 감동을 받았습니다. 독일에서는 이들에게 상을 주기도 했는데 그후 로드리게스는 이렇게 말했습니다.

"둘 다 아들을 잃었는데 나는 동정이라도 받지만, 엘와피는 동정조차 못 받지 않습니까? 처음에는 아들을 죽인 테러범을 용서하지 않겠다고 수없이 다짐했습니다. 지금도 테러 행위는 용서할 수 없습니다만 어떻게 그런 행위를 하게 됐는지 과정을 이해하려고 노력하면, 용서가 가능해집니다. 용서는 다른 사람을 위한 것처럼 보이지만, 실은 '자신을 위한 행동' 입니다. 가슴을 짓누르던 '분노와 증오'를 걷어가기 때문입니다."

진정한 용서는 내 마음 속에 있는 미움과 증오와 복수와 원한의 칼을 뽑아내는 것입니다. 그래서 내가 먼저 자유함을 얻게 되고 내 자신이 주님의 사랑으로 다시금 변화되어서, 남을 사랑할 수 있는 아름다운 자녀로 바뀌게 되는 것입니다.

우리는 그와 같은 사랑을, 그와 같은 용서를 이미 예수님께로부터 받았습니다.

"누구든지 하나님을 사랑하노라 하고 그 형제를 미워하면 이는 거짓말하는 자니 보는 바 그 형제를 사랑하지 아니하는 자는 보지 못하는 바 하나님을 사랑할 수 없느니라" (요한일서 4장 20절)

감사 묵상

한 번 뿐인 인생을 살아가며 우리를 가장 힘들게 하는 것이 무엇입니까? 누구는 물질이라고 말할 것이고 육신의 질병 또는 사람과의 관계를 얘기할 수도 있을 것입니다. 아닙니다. 나를 가장 힘들게 하는 것은 내 마음속에 있습니다. 내 마음속에 있는 절망과 상처·미움·증오심, 이런 것들이 늘 우리를 힘들게 하고 어렵게 만듭니다. 우리가 기억해야 될 것이 있습니다. 이 아픔과 상처는 다 지나갈 것입니다. 영원한 것은 없습니다. 이제부터 상처를 바라보는 나의 생각을 바꾸어야 합니다. 그리스도인의 눈으로 말입니다.

"이 상처는 나를 온전하게 만드시는 하나님의 훈련이다. 절대로 나를 절망으로 몰아넣으려는 것이 아니다. 하나님이 나를 다듬으시고 깨뜨리시고 낮추셔서, 부족함 없는 하나님의 백성으로 만드시는 과정이다. 오히려 나를 인도하시는 하나님의 은혜에 감사해야 한다."

나의 감사

편견의 벽 허문
이자익 목사

> 종이 주인을 전도하였고, 주인이 종을 하나님의 종으로 섬김으로써
> 이 지역에 복음이 힘차게 전해졌습니다. 주인이 머슴을 큰 인물로 길러
> 한국교회 전체를 섬기게 하였습니다.

한국 초대교회의 역사에서 뺄 수 없는 이자익 목사를 아십니까? 이 목사님은 머슴에서 마부를 거쳐, 한국교회 장로교 역사상 최초이자 유일무이하게 총회장을 세 번이나 역임하신 분입니다.

신약 성경의 빌레몬서는 사도 바울이 골로새 교회의 장로 빌레몬에게 보낸 편지입니다. 바울은 주인 빌레몬에게 죄를 짓고 도망친 노예 '오네시모'를 그리스도의 사랑으로 용서하고 받아들이라고 권면합니다. 이에 빌레몬은 오네시모를 사랑하는 형제로 받아들였습니다. 이 일로 인해 노예가 성도가 되었고, 교회의 큰 일꾼이 되었습니다.

한국의 오네시모라 할 수 있는 이자익은 1879년 9월 25일 경상남도 남해 섬마을에서 이기진 씨의 독자로 출생하였습니다. 자익의 어린 시절은 행복하지 못했습니다. 출생한지 2년이 못되어 아버지를 여의었고, 그의 나이 12세 때 어머니마저 세상을 떠났기 때문에 고아가 되었습니다. 그는 의탁할 친척이 없었기에 고향을 떠나, 전라북도 김제의 조덕삼 씨 집에서 머슴살이를 하면서 마부 노릇을 하였습니다. 자익은 있는 힘을 다해 주인을 섬기고 맡은 일에 충성하였으므로 주인의 신임을 얻었습니다.

1902년에 그의 생애를 결정짓는 중대한 사건이 발생하였습니다. 그 지역 순회 전도자였던 최의덕^{Tate} 선교사를 만나 복음을 받아들이게 되었고, 아내와 함께 그리스도인이 되는 기쁨을 누리게 되었습니다.

그는 독실한 불교신자였던 처가의 핍박에 고통을 겪었으나 흔들리지 않고 열심히 전도하여 그 지역의 청년들을 모아 기도모임도 가지게 되었습니다.

자익은 전에 자기가 주인으로 모셨던 조덕삼을 전도하였는데, 그는 훌륭한 인물이어서 과거에 자신의 마부로 부렸던 자익을 "영적 상전"으로 받들었습니다. 이들 두 사람은 테이트 선교사와 함께 금산교회 설립에 앞장섰습니다. 특히 조덕삼은 교회당을 짓기 위한 재정을 혼자서 감당했습니다.

이런 아름다운 일화가 있습니다. 금산 교회당을 건축한 다음 해인 1909년, 장로를 선출하는 투표를 실시하게 되었습니다. 그때 교인들과 마을 사람들은 당연히 조덕삼 영수가 먼저 장로가 되리라고 생각했습니다. 그런데 결과는 너무 뜻밖이었습니다. 마을의 지주였던 조덕삼 영수를 제치고, 그보다 12살이나 적은 그의 마부 출신 이자익 영수가 장로로 선출된 것입니다. 철저한 신분사회였던 당시 상황을 감안하면, 이는 충격적인 사건이 아닐 수 없었습니다. 당연히 여기저기서 수군거리는 소리가 들렸습니다.

그러자 조덕삼 영수는 그 자리에서 발언권을 얻어 이렇게 말했습니다. "이 결정은 하나님이 내리신 결정입니다. 우리 금산교회 교인들은 참으로 훌륭한 일을 해냈습니다. 저희 집에서 일하고 있는 이자익 영수는 저보다 신앙의 열의가 대단합니다. 나는 교회의 결정에 순종하고, 이자익 장로를 받들어 열심히 교회를 섬기겠습니다. 대단히 감사합니다."

이 말을 들은 금산교회 교인들은 조덕삼 영수에게 큰 박수를 보냈습니다.

집에서는 마부로 "애야, 이리 오너라." 하는 그런 관계인데, 교회만 오면 "장로님." 해야 합니다. 쉽지 않습니다. 회사 사장님이 집사이고 그 회사의 평직원이 장로라면 어떻게 되겠습니까? 회사에서는 "이리와 봐." 이러다가 교회에 오면 "장로님.", 이것은 결코 쉽지 않습니다.

그러나 실제로 조덕삼 영수는 이자익 장로를 잘 섬겼습니다. 더 나아가 조덕삼은 이자익을 평양신학교에 유학 보내어 목사가 되도록 지원했습니다. 그리고 그를 다시 금산교회 담임목사로 청빙하는데 앞장 섰습니다. 신분의 편견과 지방색의 편견의 벽을 보기 좋게 허물어 버린 것입니다.

종이 주인을 전도하였고, 주인이 종을 하나님의 종으로 섬김으로써 이 지역에 복음이 힘차게 전해졌습니다. 주인이 머슴을 큰 인물로 길러 한국교회 전체를 섬기게 하였습니다.

이자익 목사는 20개 교회를 설립하고 대전신학교의 초대 교장으로 섬기는 등 전국 교회를 지도하는 인물이 되었습니다. 그리고 총회장을 세 번이나 역임했습니다. 한국교회가 일제치하에서 어려울 때, 신사참배와 창씨개명에 전혀 동의하지 않고 교회를 수호하면서 복음을 전파하는 일에 크게 공헌하였습니다.

초대 부통령 함태영이 그를 불러 장관직을 제의했을 때, 이 목사는 이렇게 말하며 일언지하에 거절했습니다. "아닙니다. 저는 평생 주의 종의 길을 가겠습니다."

대전신학대학교 이자익 기념관의 사료실에는 그에 대한 평가가 기록되어 있습니다.

"그는 '가난과 고아와 마부'라는 인생의 밑바닥에서 시작하여 '목사'로서의 최고의 영예와 영광을 누렸음에도 불구하고, 교만이나 권력과 명예에 대한 집착 없이 순수한 마음으로 하나님의 교회를 섬겼던 한국 교계의 큰 바위 얼굴이다."

"사랑 안에 두려움이 없고 온전한 사랑이 두려움을 내쫓나니 두려움에는 형벌이 있음이라 두려워하는 자는 사랑 안에서 온전히 이루지 못하였느니라" (요한일서 4장 18절)

 감사 묵상

임상정신분석 의사인 지니 르메어 칼라바는 감사가 우리의 몸과 마음에 일으키는 영향에 대해 깊이 연구했습니다. 그 연구결과가 뇔르 넬슨 Noelle C. Nelson 의 '소망을 이루어주는 감사의 힘'이란 책에 소개되어 있습니다.

"감사는 단순히 고마워해야 할 일에 대한 필연적인 반응이 아니라, 삶에 대한 근본 태도입니다. 삶에 대한 태도가 바뀌면, 내게 반응하는 외부의 태도도 바뀌게 됩니다. 문제를 일으키는 마음가짐에서 평강의 기회를 만드는 마음가짐으로 변화되는 것입니다."

이 '감사훈련' 연구에 3년간 참여한 회원들이 이렇게 고백합니다.

"감사는 내면에 평안이 깃들게 하는 습관입니다. 감사를 연습하는 동안 해묵은 분노와 염려를 해결하고, 인간관계를 새롭게 정립했으며, 승진을 경험하고, 자부심을 회복하고, 건강을 향상시켰습니다."

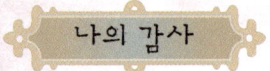 나의 감사

한국의 장발장
민학근 목사

"사형을 구형 받으며 죽음을 앞둔 사람의 고통을 맛보게 됐습니다.
절망 가운데 살려 달라고 하나님을 찾게 되었습니다.
목사가 되어 불우이웃을 돌보겠노라고 결심했습니다."

한국의 장발장 이야기를 아십니까?

한때 사형을 구형 받은 죄수였지만, 지금은 붕어빵을 팔며 어려운 이웃을 돕는 민학근 목사님. 사람들은 그를 '장발장 목사'라고 부릅니다. 어렸을 때, 너무나 배가 고파 빵을 훔쳤다가 감옥에 들어간 전력이 있기 때문입니다.

두 살 때 어머니를 여읜 그는 계모와의 갈등으로 13세 때 집을 나왔습니다. 3일 간 굶으니 너무나 배가 고파 빵을 훔쳤다가, 그만 잡혀서 소년원에 들어가게 되었습니다. 이것이 계기가 되어 그로부터 14년 8

개월 동안, 무려 전과 9범으로 전국의 16개 교도소를 제집처럼 드나들었습니다. 결국 1989년, 조직폭력배 두목 살인사건의 주범으로 체포되어 사형을 구형받았습니다. 그는 11년간 독방에 있으면서, 수차례 자살을 시도했습니다.

그러나 하나님은 그 영혼을 버리지 않으셨습니다. 담안선교회 임석근 목사님이 감옥에 와서 전한 말씀을 듣고 변화되었습니다. 통곡하며 회개하고 예수님을 영접했습니다.

그로부터 9년 동안 교도소 안에서 중·고교 검정고시를 치르고, 2004년 9월 모범수로 출소했습니다. 신학교와 신학대학원을 졸업하고 2008년에 목사안수를 받습니다. 그리고 교회를 설립하고 불우이웃 돕기를 본격적으로 시작했습니다.

목사님은 노점에서 붕어빵을 팔아 번 돈으로 독거노인과 소년소녀가장을 돕고 있습니다. 장애인들을 위해서는 그들의 집에 찾아가서 목욕봉사를 하고 있습니다. 그리고 감옥에 있는 사람들에게는 영치금과 옷가지 등을 넣어줍니다. 재소자들이 출소를 하면, 붕어빵이 잘 팔리고 있던 자리를 물려줍니다. 그렇게 30여 차례나 좋은 목을 물려주었다고 합니다.

예수 그리스도를 믿고 나서 새 사람이 되었습니다. 그는 이런 고백을 합니다.

"사형을 구형 받으며 죽음을 앞둔 사람의 고통을 맛보게 됐습니다. 절망 가운데 살려 달라고 하나님을 찾게 되었습니다. 그러자 하나님은 저를 버리지 않으시고 건져주셨습니다. 그때 목사가 되어 불우이웃을 돌보겠노라고 결심했습니다. 한 때는 세상을 원망하며 빵 조각을 훔치며 어두운 길에 들어선 삶을 살았습니다. 하지만 예수님을 만나 죄 짐을 내려놓고 새 희망으로 살게 된 것은 하나님의 구원의 능력 때문입니다. 감사할 따름입니다."

"그 안에 뿌리를 박으며 세움을 받아 교훈을 받은 대로 믿음에 굳게 서서 감사함을 넘치게 하라" (골로새서 2장 7절)

감사 묵상

토마스 웰치Thomas B. Welch 목사님이 발명한 '웰치Welch' 란 유명한 포도주스가 있습니다. 이 웰치 포도주스는 교회 성찬식용으로 개발된 것으로, 세계 교회에서 인정받고 있습니다. 웰치 목사가 교회에서 성찬식을 하는데 포도즙이 자꾸 발효해 알코올이 생겨나는 것입니다. '어떻게 하면 알콜기가 없는 포도주스를 만들수 있을까?' 고민하기 시작했습니다. 어느 날 누이의 포도농장에서 포도를 따다가 기도하는 중에 저온 살균법을 생각해 냅니다. 1868년, 웰치Welch 주스 회사를 설립하게 되었고, 전 세계 교회에서 웰치 포도주스로 성찬식을 하게 되었던 것입니다.

웰치 목사는 이렇게 고백했습니다. "하나님의 영광을 위해 설립한 회사이오니 홀로 영광을 받으시옵소서. 사랑으로 오신 주님이 저의 주인임을 믿기에 저도 다른 사람을 사랑하며 희생하는 것이 마땅합니다. 하나님께 감사하고 우리의 주인 되신 주님께 온전히 삶의 초점을 맞출 때, 하나님께서 우리를 성공으로 이끄시고, 우리의 가진 재능을 통해 하나님의 나라를 이루어 가십니다."

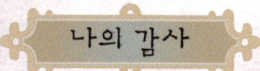

오직 주님만 섬기다 간 장기려 박사

"바보라는 말을 들으면 그 인생은 성공한 것입니다.
그리고 인생의 승리는 사랑하는 자에게 있습니다."

'한국의 슈바이처'로 불리는 장기려 박사님을 기억하십니까? 1911년 평안북도 용천에서 태어난 그는 경성의전을 졸업하고, 나고야 제국대학교에서 의학박사를 받습니다. 1947년 평양 의과대학에서 진료를 시작했고 김일성대학 외과 교수가 되었습니다. 그리고 1950년 6·25 전쟁이 났을 때 부인과 5남매를 북에 둔 채, 둘째 아들만을 데리고 월남을 합니다.

월남해서는 서울대학교 의과대학 교수로 있었는데, 1951년 부산으로 피난가서는 천막을 치고 무료 복음병원을 세웠습니다. 촛불을 켜놓

고라도 하루에 100명 이상씩 몰려오는 환자들을 있는 힘을 다하여 그들을 돌봤습니다. 무료진료로 인해 병원 운영이 어려워지자 조금씩 진료비를 받게 되었습니다. 가난한 환자들이 와서 치료비를 내지 못하면 자기 월급으로 대신 내주었습니다.

어떤 농부가 치료를 다 받은 후, 원장에게 이렇게 말했습니다.

"장 박사님, 저는 농사꾼이라 병원비를 낼 돈이 없어요."

그러자 그는 이렇게 말했습니다.

"그래요, 그럼 밤에 저 뒷문을 열어 놓을 테니 도망가세요."

다음날 아침에 간호사가 뛰어왔습니다.

"원장님, 원장님, 몇 호실 환자가 밤새 도망을 갔습니다."

"허허, 내가 문 열어줬지."

어떤 사람은 영양실조로 왔습니다. 그러니까 잘 먹어야 병이 낫는 그런 환자인 것입니다. 원장님은 이렇게 처방전을 써주었습니다.

"이 환자에게 닭 두 마리 값을 내주시오 – 원장 백"

1943년, 한국에서는 최초로 간암환자의 암 덩어리를 간에서 절개해 내는 수술을 성공했습니다. 1968년에는 최초의 의료보험조합인 청십자 의료협동조합을 설립해 가난한 사람이 치료를 받을 수 있는 길을 열어줬습니다. 1976년에는 청십자병원을 설립해 무료진료에 나서는 등 일생동안 정말 초인적인 봉사의 삶을 살았습니다.

그러나 정작 본인은 뇌경색으로 반신 마비가 될 때까지 무의촌 진료를 다녔습니다. 20평 남짓한 병원의 옥탑방에 홀로 살면서, 북한의 가족을 그리워했습니다. 마지막 순간까지 많은 서민들을 섬기다가 1995년 성탄절 날 새벽에 하나님의 부르심을 받고 하늘나라로 가셨습니다.

사람들은 종종 그분을 '바보'라고 불렀습니다.

그러나 그는 평생을 예수님처럼 살고 싶어했습니다. 정말 그렇게 살았던 장기려 박사님이십니다. 그분이 이런 말을 남겼습니다.

"의사가 된 날부터 지금까지 치료비가 없는 환자를 위한 책임감을 잊어버린 적이 없었습니다. 이 결심을 잊지 않고 살면 나의 생애는 성공이요, 이 생각을 잊고 살면 실패라고 생각하고 있습니다. 바보라는 말을 들으면 그 인생은 성공한 것입니다. 그리고 인생의 승리는 사랑하는 자에게 있습니다."

그의 묘비에는 "주님을 섬기다 간 사람"이라고 쓰여있습니다.

초대교회에는 교회 안에 가난하고 궁핍한 사람이 없었습니다. 참된 사랑의 공동체였기 때문입니다. 사도행전 2장 44-45절에는 초대교회의 모습을 이렇게 말하고 있습니다.

"믿는 사람이 다 함께 있어 모든 물건을 서로 통용하고 또 재산과 소유를 팔아 각 사람의 필요를 따라 나눠 주며"

또 사도행전 4장 32절에는 이렇게 말합니다.

"믿는 무리가 한마음과 한 뜻이 되어 모든 물건을 서로 통용하고 자기 재물을 조금이라도 자기 것이라 하는 이가 하나도 없더라"

오늘날 탐욕이 세상을 지배하고 있습니다. 가진 자가 더 많이 가지려고 합니다. 높은 자리에 있는 사람이 더 높아지려고만 합니다. 섬기지 않고 나누지 않습니다. 그래서 세상이 병들어 가고 있는 것입니다.

물질이 없어서 병드는 것이 아니라, 사랑이 없어 병이 드는 것입니다.

우리는 섬김의 삶을 살아야 합니다. 사랑의 삶을 살아야 합니다. 감사의 삶을 살아야 합니다.

"이제 내가 사람들에게 좋게 하랴 하나님께 좋게 하랴 사람들에게 기쁨을 구하랴 내가 지금까지 사람들의 기쁨을 구하였다면 그리스도의 종이 아니니라" (갈라디아서 1장 10절)

18세기 영국의 대부흥 운동을 주도했던 조지 휫필드 George Whitefield 목사님은 30년 동안 매주 설교를 50여 시간이나 했다고 합니다. 이는 하루에 7시간씩 설교한 것입니다. 몸이 쇠약해져 주변 사람들이 "좀 쉬어가면서 하세요." 권면하면 목사님은 "나는 녹슬어서 없어지는 사람이 되지 않고, 닳아서 없어지는 사람이 되길 원합니다." 라고 답했습니다.

어느 날, 대 부흥집회를 마치고 돌아가는 길에 엑스트란 작은 마을에 묵었습니다. 조지 목사님이 오신다는 말을 듣고 온 동네 사람이 몰려와서 '목사님 말씀 좀 전해주세요.' 요청 하자, 목사님은 쉬지도 아니하고 메시지를 전했습니다. 그리고 피곤한 몸으로 잠자리에 드셨는데 다음날 아침 '목사님 일어나셔서 이제 식사하셔야죠.' 하고 문을 열고 들어가 보니, 주무시는 채로 천국으로 가셨습니다. 목사님은 자신의 말처럼 주님을 위해 닳아져 없어지는 사람으로 평생 헌신하신 것입니다.

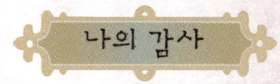

그 청년 바보의사
안수현

"예수님을 믿는 것이 알려지면 불이익을 받을 것이 확실해도 그는
거리낌이 없었습니다. 기독교인이 아닌 사람들에겐 그는 '밥맛없는' 사람이었습니다.
그러나 이상하게도 '밥맛없는' 그가 말을 하거나 행동을 하면 사람들이 신뢰했습니다.
그는 어디에 가도 그 빛을 잃지 않는 푸르른 나무였습니다."

2006년 1월 5일 밤 10시 30분 한 젊은 청년 의사가 세상을 떠났습니다. 그는 학계에 뚜렷한 업적을 남긴 의학자도, TV에 출연하는 잘 알려진 의사도 아니었습니다.

그러나 만 33세의 나이로 세상을 떠난 안수현 씨의 장례식장에는 그의 영정사진이 걸리기 전부터 물밀듯 몰려오는 조문객으로 들어설 곳이 없었습니다. 어떤 계산도 깔리지 않은 순전한 슬픔, 그 한가지로 4천 명이 넘는 그의 지인들이 몰려들었습니다. 의사들, 간호사들, 병원 직원들, 교회 선후배들, 그가 만들고 섬기던 선교단체 '예흔'의 동역자들, 대학부 제자들, 군인들 등등. 그 안에는 그가 일하던 병원에서 청소하시는 분, 식당 아줌마, 침대 미는 도우미, 매점 앞에서 구두 닦는 분도 섞여 있었습니다.

구두를 닦는 분은 '자신에게 항상 허리를 굽혀 공손하게 인사하는 의사는 그 청년이 평생 처음이었다'고 추억합니다.

그는 진정으로 환자를 사랑하고, 환자를 가족처럼 돌본 의사 선생님입니다. 늘 환자의 손을 붙잡고 아픔을 위로하고, 울어주며, 돈이 없는 환자는 병원비를 대신해서 내주기도 했습니다. 일과가 끝나고 들어가 쉬어야 하는데도 늦게까지 남아 병실을 돌면서 환자들을 일일이 보살피었습니다. 의약분업 사태가 나서 진료하지 말라고 압력을 받는 상황에서도, 기도하며 '나는 하나님의 음성대로 하나님이 기뻐하시는 뜻을 따라 살기로 결심했기 때문에 사람들의 음성은 듣지 않겠다.'며 진료를 계속했습니다. 의사가 아무도 없는 파업한 병동에 혼자 온 몸이 파김치가 되도록 종일 환자를 돌본 이 의사 선생님. 밤을 새우고 끼니를 굶어 가면서까지 많은 환자를 돌보는 삶을 살았습니다.

그는 의대생 시절부터 '스티그마'란 ID로 신앙과 음악·신앙 서적에 관한 글을 쓰는 작가였습니다. 그의 싸이월드 홈페이지에는 새롭고 다양한 클래식 음악과, CCM, 좋은 책들에 관한 정보가 넘쳐 그리스도인들의 쉼터로 인기를 모았습니다.

유행성출혈열로 갑작스럽게 세상을 떠나자 지인들은 그가 남긴 글들을 모아 책으로 엮기로 했습니다. 그렇게 해서라도 예수의 흔적을 좇아 달려가던 고인의 자취를 곁에 두고 싶었기 때문입니다. 그리하여 2009년 7월 출간된 '그 청년 바보의사'에는 고인이 남긴 글과 함께, 박경철 의사, 김록권 전 국군의무사령관 육군 중장, 김민철 예수병원장, 이철신 목사, 김동호 목사 등이 그를 추억하는 내용이 담겨 있습니다.

그의 지인들은 인턴과 레지던트, 군의관이 되었어도 그는 항상 똑같았다고 증언합니다. 예배를 사랑하고, 전도를 하고, 자기 것을 나누는, 한길밖에 모르는 바보였다고….

"그는 어딜 가든지 하나님께 속해 있음을 당당하게 드러냈습니다. 글을 쓸 때도 사람을 만날 때도, 무얼 먹거나 마실 때도, 그는 한결 같은 크리스천이었습니다. 예수님을 믿는 것이 알려지면 불이익을 받을 것이 확실해도 그는 거리낌이 없었습니다. 기독교인이 아닌 사람들에겐 그는 '밥맛없는' 사람이었습니다. 그러나 이상하게도 '밥맛없는' 그가 말을 하거나 행동을 하면 사람들이 신뢰했습니다. 그는 어디에 가도 그 빛을 잃지 않는 푸르른 나무였습니다."

그의 신앙고백을 보세요.

"나는 책상 앞에 '코람데오'라는 문구를 붙였다. '하나님 앞에서'라는 이 말을 읽을 때마다 옷깃을 여민다.

경외는 우리를 하나님께 집중하게 하는 건강한 두려움이다.

나는 그분 앞에 서서 친밀함과 경외함의 두 기둥을 축으로 내 안에서 일어나는 크고 작은 분주한 생각을 가라앉히고, 마음과 생각을 그분께 고정시킨다."

지금도 그의 홈페이지에는 하루 평균 200명의 사람들이 다녀간다고 합니다. 그를 추억하는 지인들도 있지만, 상당수는 책을 통해 그의 삶에 감동을 받은 이들입니다. 이들은 짧은 감사의 인사를 남깁니다.

"멋진 삶을 살아온 그 모습에 너무 감동했습니다.""나도 당신의 삶을 닮고 싶습니다.""감사하다는 말을 이렇게라도 남기고 싶었습니다."

우리는 어떻게 살고 있습니까?

하나님을 경외하고 이웃을 사랑하는 삶을 살고 있습니까?

하나님의 그 크신 은혜와 사랑에 감사하는 삶을 살고 있습니까?

"우리가 아직 죄인 되었을 때에 그리스도께서 우리를 위하여 죽으심으로 하나님께서 우리에 대한 자기의 사랑을 확증하셨느니라" (로마서 5장 8절)

감사 묵상

청교도 지도자인 토마스 왓슨Thomas Watson은 이와 같이 고백을 했습니다.

"의사가 쓴 약을 처방해준다고 해서 환자는 그에게 불만을 품어서는 안 됩니다. 오히려 병을 치유하기 위한 처방으로 알고 감사해야 합니다.

'범사에 감사하라'(살전 5:18)는 '범사'에는 고난도 포함됩니다.

하나님께서는 고난을 없애 주겠다고 하지 않으시고 고난을 당할 때 함께하겠다고 약속하셨습니다.

하나님이 함께하시는 고난은 원수의 창날이 아니라 아버지의 회초리와 같습니다.

하나님께서는 고난의 쓴 약을 통해 자신의 영광을 드러내시고, 우리를 축복해주십니다."

국회의원에서 생선장수된
전도자 장경수

중국집 배달원 출신의 돈도 없고 무엇 하나 가진 것이 없었던 그는, 오직 하나님만 의지했습니다. 그런데 거의 두 배가 넘는 압도적인 표차로 당선됐습니다.

철가방을 든 배달원에서 국회의원까지 되었다가, 지금은 생선을 파는 생선장수가 된 장경수라고 하는 분이 있습니다. 이분은 안산에서 굉장히 이름이 알려졌는데, 17대 국회의원입니다.

2004년도에 국회의원에 당선됐을 때, 그의 전직이 화제였습니다.

철가방 출신의 국회의원 장경수. 철가방이 무엇인지 아시죠? 중국집에서는 자장면을 배달할 때, 철가방에 넣고 다닙니다. 그래서 중국집 배달원을 철가방이라고 부르기도 합니다. 중국집 배달원을 하다가 국회의원이 된 것입니다.

그는 지독히 가난해서 고등학교에 진학하지 못했습니다. 대신 중국집에서 배달원을 하면서도 꿈을 잃지 않고 공부를 계속해 나갔습니다.

17대 국회의원 선거에 출마했을때, 당시 시민들은 다윗과 골리앗의 싸움이라고 생각했습니다. 재선의 국회의원을, 그것도 전직 장관을 이길 수 있다고 생각한 사람은 아무도 없었습니다. 중국집 배달원 출신의 돈도 없고 무엇 하나 가진 것이 없었던 그는, 오직 하나님만 의지했습니다.

매일 새벽 제단을 쌓고 하나님 앞에 엎드려 기도했습니다.

빌립보서 4장 13절 말씀을 붙들었습니다. "내게 능력 주시는 자 안에서 내가 모든 것을 할 수 있느니라."

독실한 크리스천인 그의 어머니는 "내가 너를 위해 해줄 것은 기도밖에 없구나" 하시며, 선거기간 동안 입이 헐도록 철야기도를 했습니다.

그런데 거의 두 배가 넘는 압도적인 표차로 당선됐습니다.

그러나 그 다음이 문제였습니다. 18대 국회의원 선거에서 공천을 못받아 탈락을 했습니다. 큰 충격을 받았습니다. 그렇게 소원하고 소원하던 국회의원이 되어서 "다 이루었다." 했는데, 4년 만에 완전히 곤두박질 친 것입니다.

충격으로 시신경 장애가 와서 앞을 보지 못할 정도가 되었습니다. 우울증이 오고 자살충동까지 생겼습니다. 그때 그가 믿고 의지할 분은

하나님 한 분밖에 없었습니다. 오산리 기도원의 기도굴에 들어가 '죽으면 죽으리라' 금식하며 부르짖어 기도했습니다. 그리고 주님의 음성을 들었습니다.

"인생을 포기하지 말고 마음을 달리 먹어라."

그때 그는 기도굴에서 요단강을 건넌 것입니다. 자기의 자존심을 내려놓은 것입니다. 자기가 전부였다는 것을 내려놓은 것입니다. 그는 고백합니다.

"골고다의 언덕을 십자가를 지고 올라가시는 예수님이 보았습니다.

그리고 저를 온전케 하기 위해 시련과 연단을 허락하신 하나님께 감사를 드렸습니다. 이제부터는 하나님의 영광만을 위해 살겠노라고 서원했습니다."

다시 그의 지역구인 안산으로 내려갔습니다. 이제는 안산이 복음으로 변화되는 안산 성시화를 꿈꾸며 생선장사를 합니다. 생선을 팔면서 "예수 믿으세요. 좋은 일이 있을 것입니다."라고 복음을 전합니다.

틈틈이 전도지를 가지고 지역구를 돌며 전도합니다.

"내 자신을 내려놓는 과정, 이 과정을 통해 하나님과 더욱 더 가까워졌다는 것이 정말 감사할 뿐입니다."

"네 마음을 다하며 목숨을 다하며 힘을 다하며 뜻을 다하여 주 너의 하나님을 사랑하고 또한 네 이웃을 네 자신 같이 사랑하라" (누가복음 10장 27절)

해외토픽에 나왔던 아름다운 이야기입니다.

미국 캘리포니아 주 칼스배드 시에 있는 엘카미노 크리크 초등학교 4학년 트래비스 셀린카Travis Selinka 란 아이가 뇌종양에 걸렸습니다. 그래서 머리카락이 다 빠졌습니다.

친구들이 놀릴까봐 걱정하며 학교에 왔는데 깜짝 놀랐습니다. 반 아이들이 모두 다 삭발한 것입니다. 같은 반 친구들이 이렇게 말했습니다. "다른 애들이 놀릴까봐 크래비스와 똑같이 우리도 머리카락을 다 자르기로 했어요."

놀라운 것은 그 아이들이 친구를 위해 웃으면서 기꺼이 머리카락을 잘랐다는 것입니다. 또 모두 함께 웃으며 사진도 찍었다고 합니다.

우리라면 이렇게 할 수 있었을까요?

사랑의 공동체란 어마어마한 이름까지 가진 교회인데 말입니다.

나의 감사

Chapter 02

다시 일어설 수 있는 힘
희망

'고통의 끝자리'에서
들린 음성

이탈리아에 유학을 갔지만 극심한 경제적 어려움을 겪었습니다.
한국에 돌아오려고 해도 비행기 값이 없어서 돌아올 수도 없더랍니다.
"하나님, 저 버리신 거 맞죠"

최고의 테너라는 찬사를 받는 정태성 씨 이야기는 우리에게 큰 감동을 줍니다. '꼭 법과대학에 가야 한다.'고 하며 성악을 하고 싶은 아들의 재능개발을 절대 반대하는 아버지에게 반항해서 친구들과 싸움만 하고 다녔습니다.

그런데 이를 안타깝게 여긴 할머니가 날마다 눈물을 흘리며 '하나님, 우리 태성이… 우리 태성이…' 하며 끊임없이 기도를 드렸습니다.

고교시절 큰 패싸움이 약속된 어느 날, 어디선가 찬양 소리가 들려왔습니다. 박종호 씨의 찬양집회였습니다. 거기서 큰 감동을 받고, '하나님이 나를 키우고 귀하게 쓰실 것'이라는 확신을 갖게 되었습니다. 그는 이런 이끌림을 받은 것이 '할머니의 기도 덕분이었다.'고 고백합니다.

이런 감동의 이끌림 이후, 신학대학에 진학했지만 합창단에 들어가 전공보다는 음악에 더 몰두했습니다. 우여곡절 끝에 성악을 공부하기 위해 이탈리아에 유학을 갔지만, 그는 극심한 경제적 어려움을 겪게 됩니다. 3년 동안 레슨비가 없어 제대로 공부도 못했습니다. 한국에 돌아오려고 해도 비행기 값이 없어서 돌아올 수도 없었습니다.

그때 하나님 앞에, 그 절망의 때에 울부짖어 기도합니다. '고통의 끝자락'에서야 비로소 '기도의 자리'로 나아갔다고 그는 고백하고 있습니다. 울음을 넘는 절규였습니다.

"하나님, 저 버리신 거 맞죠?"

바로 그때 천둥 같은 소리가 들렸습니다.

"태성아, 태성아, 너는 내가 가르친다!"

그 음성을 듣는 순간, 엎드려 통곡했습니다.

그때로부터 기적을 베푸셨습니다. 우리가 일한다고 뛰면 하나님이 구경하시고, 엎드려 간절히 기도하면 하나님이 그때부터 일하십니다. 이탈리아의 유명한 성악 교수님이 아르바이트생에 불과한 그의 목소리를 알아보시고, 무료로 레슨을 해주시고, 한 달 동안 열심히 성악 훈련을 시킨 다음, 콩쿠르에 떠밀어 내보냈습니다. 그 콩쿠르에서 1등을

했습니다. 상상할 수 없는 기적이었습니다. 그 계기로 사람들의 주목을 받고 발탁이 되어, 2006년 이탈리아 베르가모 극장에서 오페라 '카발레리아 루스티카나'에 정식 데뷔한 이후, '아이다', '투란도트' 등 많은 오페라의 주역으로 활동하고 있습니다.

또한 가정 형편상 음악을 할 수 없는 사람들에게 무료로 레슨을 해 주면서, 하나님을 찬양하는 자리라면 어디든 그는 달려갑니다.

"남모르는 아픔을 가진 사람들이 있습니다. 그러나 어떤 상황에서라도 하나님은 결코 버리지 않으시며, 늘 함께하시고 붙들어주십니다. 믿음으로 그분 사랑 안에 거하셨으면 좋겠습니다. 하나님께서 우리를 얼마나 사랑하시는지 고백하고 싶습니다!"

"내가 네게 명령한 것이 아니냐 강하고 담대하라 두려워하지 말며 놀라지 말라 네가 어디로 가든지 네 하나님 야훼가 너와 함께 하느니라" (여호수아 1장 9절)

감사 묵상

지난 10년간 지구촌에서 100만여 명이 예수를 믿는다는 이유 하나만으로 생명을 잃었습니다. 샤바즈 바티Shahbaz Bhatti도 그 중의 하나입니다.

이슬람 국가인 파키스탄의 40개 부처 장관 중 유일한 기독교인이었던 그는 2011년 3월 2일, 자동소총으로 무장한 괴한들에게 피살되었습니다.

순교하기 1년 전에 한국을 방문한 그는 방송인터뷰에서 이렇게 말했습니다. "예수님은 제 인생의 모든 것입니다. 저는 예수님을 위해 살고 예수님을 위해 죽을 것입니다. 예수님의 사랑, 복음이 제 삶을 움직였습니다.

저는 제 삶으로 예수님을 세워나가길 원합니다. 우리의 신앙과 복음은 실천을 통하여 나타내야 한다고 말하고 싶습니다. 지금은 우리가 그리스도를 따르는 자들임을 증명할 때입니다. 훗날 주님을 위하여 제 생명을 희생할 수 있다면 저는 행복한 사람이라 여길 것입니다."

나의 감사

'장애'에서 삶의 의미 찾은
고정욱 작가

"장애의 고통과 아픔을 너무나 잘 알기에 내가 가진 재능이 더 감사하고 소중합니다.
이 재능과 열정을 최대한 발휘하고 죽는 것이 저의 사명이기 때문입니다."

자신의 장애에서 사명을 발견한 고정욱 작가 이야기가 도전과 감동을 줍니다. 한 살 때 소아마비를 앓아 '지체장애 1급'인 그는 아동 문학가이자 인기 강연자입니다.

그는 초등학교 6년 동안 엄마 등에 업혀 학교를 다니면서 개근을 했을 정도로 성실했으나 성장 과정에서 주변 사람들로부터 많은 상처를 받았습니다. '공부도 제대로 못하고 직업도 구할 수 없을 터이니, 그냥 해외 입양을 보내는 게 낫겠다.'는 얘기에 마음이 무너졌습니다. 의과 대학에 가서 장애인들을 위한 의사가 되기를 꿈꾸었지만, 장애인은 의과대학에 갈 수 없다는 것을 알고 또 한 번 좌절했습니다.

그래서 선택한것이 문학도의 길이었습니다. 성균관대학교 국문학과를 졸업하고, 계속 도전하여 석사와 박사학위를 땄습니다. 일간신문 신춘문예에 당선되어 주목받는 소설가가 되었고, 지금까지 '장애인'을 주제로 200권이 넘는 책을 집필했습니다. 장애를 갖지 않은 사람도 절대 하기 어려운 놀라운 집필활동입니다. 지금까지 350만 부 이상 팔리는 '베스트셀러 작가'가 되었고, 그의 책은 중국, 일본, 대만, 태국, 미국 등지에서도 출간되었습니다. 살아있는 동안 500권의 책을 내겠다고 다짐하며 장애인 최초의 노벨문학상을 꿈꾸고 있습니다.

그가 처음에 글을 쓰겠다고 했을 때, 사람들은 '세상 경험이 부족한 사람이 무슨 글을 쓰려고 그래?' 하며 무시했습니다.

또 결혼을 하려니 '장애' 때문에 반대에 부딪쳤습니다. 그때 하나님께 절규하며 물었답니다.

"주님, 내가 어떻게 살아야 합니까?"

"정욱아! 이제 비로소 대답해주마. 너처럼 말 잘하고 글도 잘 쓰는 똑똑한 장애인이 있어야 '장애인의 아픔과 고통'을 나대신 세상에 알릴 수 있지 않느냐. 그래서 내가 너를 장애인으로 만들었단다."

이 주님의 음성 앞에 거꾸러져 울며 고백했답니다.

"주님, 내가 죽는 날까지 주님께서 맡기신 사명을 잘 감당하겠습니다!"

 소명이 무엇인지 알게 된 그는 '죽을 때까지 함께 할 삶의 의미'로 받아들이고 열정적으로 작품을 쓰고 있습니다. 또한 아름다운 아내를 만나게 해 주셔서 세 자녀(1남 2녀)를 두고 많은 활동을 하고 있습니다.

 "장애의 고통과 아픔을 너무나 잘 알기에 내가 가진 재능이 더 감사하고 소중합니다. 이 재능과 열정을 최대한 발휘하고 죽는 것이 저의 사명이기 때문입니다."

"그러므로 내 사랑하는 형제들아 견실하며 흔들리지 말고 항상 주의 일에 더욱 힘쓰는 자들이 되라 이는 너희 수고가 주 안에서 헛되지 않은 줄 앎이라" (고린도전서 15장 58절)

감사 묵상

1690년에 증기 기관차를 발명한 프랑스 물리학자 파핀은 자신은 항상 세가지를 감사한다고 말했습니다.

첫째, 날마다 일용할 양식을 주심에 감사.

둘째, 몸이 건강해 일할수 있음에 감사.

셋째, 영원한 삶에 대한 소망을 주심에 감사.

영적으로 깨어있으려면 늘 감사해야 합니다.

오늘, 지금 감사합니다.

나의 감사

역경 너머에 있는
'with you'

"내가 단지 암 환자라는 사실 때문에 다른 암 환자에게 다가가 진실된 소통을 하며
위로를 줄 수 있다는 사실이 경이로웠습니다.
하나님은 고통의 커튼 뒤에 진짜 행복을 숨겨두셨습니다."

삶이 고난의 연속이며, 안개 속을 헤매는 것처럼 앞이 보이지 않을 때가 있습니다. 삶의 모든 것을 뒤흔드는 폭풍 속에서도 살아있음을 감사하게 되고, 인생의 소중한 가치들을 새롭게 발견하기도 하고, 나에게 달려와 준 이들이 있기에 힘과 용기를 갖게 되기도 합니다.

분명 역경 너머에는 기쁨과 행복의 시간이 찾아옵니다. 그리고 그 역경과 고난을 성실하게 건너와 돌아보면 단단하게 성장한 자신의 모습을 만나게 됩니다.

한 폭의 그림은 다양한 색깔들이 아름답게 조화를 이루어 완성됩니

다. 밝은 색만을 칠한다고 해서 아름다운 그림이 되는 것이 아니라 어두운 색깔도 다른 색깔들과 어울려져 한 폭의 그림을 완성하게 되는 것입니다. 우리의 인생도 역경과 고난과 눈물의 골짜기를 지나 한 편의 아름다운 작품을 만들게 되는 것입니다.

손경미 사모는 '아시아 암 환우회'를 통해 자신처럼 암을 선고받고 투병중인 환우와 환우 가족들을 돕는 일을 하고 있습니다.

그녀의 책 'WITH YOU 당신에게 힘이 될 게요'란 제목처럼 암과 사투를 하는 환우들의 심정을 누구보다 잘 알기에 그들에게 힘이 되어 주고 있습니다.

"처음엔 원망과 충격과 실망감에 어찌할 바를 몰랐지만 내가 작아지는 순간 하나님이 하나님 되심을 알게 됐습니다. 내가 단지 암 환자라는 사실 때문에 다른 암 환자에게 다가가 진실된 소통을 하며 위로를 줄 수 있다는 사실이 경이로웠습니다. 하나님은 고통의 커튼 뒤에 진짜 행복을 숨겨두셨습니다."

역경 너머의 행복을 바라보며, 오늘의 삶을 감사로 채우고, 나에게 달려와 준 이들에게 감사를 표현해보는 것은 어떨까요?

오늘이 더욱 풍성해지고 내일의 희망의 꽃을 피울 수 있게 될 것입니다.

그리고 더 늦기 전에 폭풍 가운데 있는 이들에게 달려가 그들의 손을 잡아주시기 바랍니다.

"내가 그리스도와 함께 십자가에 못 박혔나니 그런즉 이제는 내가 사는 것이 아니요 오직 내 안에 그리스도께서 사시는 것이라 이제 내가 육체 가운데 사는 것은 나를 사랑하사 나를 위하여 자기 자신을 버리신 하나님의 아들을 믿는 믿음 안에서 사는 것이라" (갈라디아서 2장 20절)

2001년 9월 11일, 9·11 테러사건으로 비행기가 추락했을때 브라이언 버드웰 중령은 온몸에 불이 붙었다가 39번 수술을 받고 기적적으로 살아났습니다.

현재 텍사스 상원의원으로 활동 중인 그는, 당시 살아날 수 있었던 이유를 이렇게 말합니다.

"앰뷸런스를 타고 병원으로 가는데 한 여직원이 옆에서 계속 주기도문과 시편 23편을 들려주었습니다. '힘내세요, 힘내세요.' 하면서 말입니다.

의사의 '응급 처치' 보다 그 여직원이 들려준 '말씀과 기도'가 죽음의 공포로 떨고 있던 제게 더 힘이 되었습니다. 제게는 마치 주님과 저 둘만 있는 것 같았습니다.

오직 '주님의 은혜' 였습니다."

나의 감사

희망을 전하는
피아니스트

왼손과 오른쪽 팔꿈치로 연주를 하는 훈련을 시작했습니다.
주님께서 꿈과 희망을 주신 것입니다.

한쪽 손이 잘라져 사용할 수 있는 손이 한 손 밖에 없는 그러한 절망의 삶에서도 피아니스트가 된 최혜연양. 세 살 때 부모님이 일하는 정육점에서 놀다가 고기 자르는 기계에 그만 오른팔 아랫부분이 잘려버립니다.

일곱 살 때까지 팔이 덜 자란 줄 알고 엄마에게 이렇게 보챘습니다. "엄마, 나는 팔이 언제 나와?" 그 말할 때마다 부모의 마음이 메어졌답니다. 철이 들면서 자신이 장애를 가진 것을 알게 되었고 크게 절망합니다.

그런데 어느 날, 피아노를 전공하는 언니를 따라 우연히 피아노를 배우면서 희망을 갖습니다. 그런데 사실 두 손 갖고 다 쳐야 정상적으로 연주를 할 텐데 한 손만 가지고 연주한다는 것은 사실 거의 불가능한 일이었습니다. 그런데 2011년 갓 예고에 진학한 언니의 피아노 선생님을 만나서부터 그녀의 삶은 바뀝니다.

"너, 왜, 피아노 하려고 하니?"

"저는 희망을 주는 피아니스트가 되고 싶어서요."

이 말을 들은 선생님이 감동을 했습니다. 그래서 왼손과 오른쪽 팔꿈치로 연주를 하는 훈련을 시작했습니다. 정말, 얼마나 열심히 연습하고, 연습했는지.

때때로 친구들이 두 손으로 피아노를 칠 때 좌절하기도 했지만 믿음으로 모든 절망을 이겨냈습니다. 주님께서 꿈과 희망을 주신 것입니다.

2011년 제4회 장애인 음악 콩쿠르에서 교육부 장관 대상을 받았습니다. 또 2013년 전국 장애 청소년 음악 콩쿠르에서 전체 대상을 수상하고 SBS, KBS, MBC에 출연해 많은 사람들에게 꿈과 희망을 주었습니다.

2014년 9월말에는 영국을 방문해 같은 장애를 가진 유명한 피아니스트 니콜라스 맥카시를 만나서 같이 연주를 했습니다. 이 남자 분도 팔이 하나가 없어서 한 손으로 치는데 둘이 같이 피아노를 칩니다.

10월엔 첫 번째 정식 콘서트를 열었습니다.

참 대단했습니다. 한 손과 팔꿈치로 연주를 하는데 이 모습이 사람들에게 얼마나 큰 감동을 주는지 모릅니다. 올해 서울종합예술실용학교 피아노과에 장학생으로 입학을 했고, 이런 고백을 합니다.

"'오른손이 없다고 해서 피아니스트가 될 수 없다'는 선입견은 제 꿈을 방해할 수 없었어요. 지금은 '다르다'는 게 피아니스트로서 저의 '장점'이라고 생각해요. 제가 피아노를 연주하고, 또 제 연주가 사람들에게 감동이 된 것은 '하나님'이 하신 일 같아요. 비록 신체적으로 약간 불리하다 할지라도, 음악을 통해 '희망을 전하는 피아니스트'가 되고 싶어요. 제

연주를 듣는 분들이 '할 수 있다'는 '용기와 희망'을 얻었으면 좋겠어요."

부활의 예수님이 함께 하실 때 우리의 절망은 사라지고 문제는 해결됩니다. 우리가 어떤 장애와 어떤 고통 속에 살고 있다고 할지라도 절대 희망되신 부활의 예수님께서 우리를 건져주시고 꿈과 희망을 주셔서 당당하게 내일을 향해 나갈 수 있도록 우리를 이끌어주실 것입니다.

"다만 이뿐 아니라 우리가 환난 중에도 즐거워하나니 이는 환난은 인내를, 인내는 연단을, 연단은 소망을 이루는 줄 앎이로다" (로마서 5장 3-4절)

감사 묵상

'감사 나눔 신문'의 발행인인 김용환 장로님이 이 신문을 만든 이유가 있습니다. 둘째 아들 '이삭'을 낳았는데 잠도 자지 않고 밤새 웁니다. 병원에서 정밀 진단을 받았는데, 의사가 이렇게 말합니다.

"중증 뇌성마비입니다. 죄송합니다, 아이가 6개월을 못 넘기겠습니다."

교회 담임목사님이 이렇게 조언합니다. "이제부터 감사를 해보세요. 하루에 감사를 백 번이고 천 번이고 삼천 번이고 하십시오." 그 때부터 밤새 우는 아이를 붙잡고 "감사합니다, 감사합니다, 감사합니다." 아이가 자지러지게 우는데도 "감사합니다, 감사합니다." 온 가족이 감사를 믿음으로 고백하고, 또 고백했습니다. 가족속에 감사가 넘쳐나기 시작했습니다. 6개월의 시한부 생명이던 이삭은 13년을 더 살았습니다. 2008년, 13년 6개월이란 짧은 나이로 천국에 갔지만, 이삭이는 남아있는 가족들에게 큰 선물을 선사했습니다. 바로 "감사"입니다.

나의 감사

모든 것이
하나님의 은혜

'항암 치료'를 받으면서도 남편은 첼로로, 본인은 소프라노로
초대하는 곳마다 가서 찬양합니다.
중환자실에서 생사의 갈림길에 있는 아이를 앞에 두고,
그들은 주님 앞에 감사하며 찬양했습니다.

고난 가운데서도 하나님을 찬양하는 '첼리스트 김두민, 소프라노 이은영 부부'가 있습니다. 독일 쾰른대학교에서 각각 첼로와 성악을 전공하던중 한인교회에서 만나 아름다운 가정을 이룹니다.

모든 것이 순조로웠고 행복할 것만 같았던 결혼생활이었습니다.

그러나 둘째 아이를 낳으면서부터 가정에 어려움이 다가왔습니다. 둘째 아이는 '루이스 디츠 신드롬'이라는 '희귀병'을 가지고 태어납니다. 몸의 결합이 제대로 되지 않아 머리부터 발끝까지 제 기능을 하지 못합니다. 아이가 언제 심장이 멈출지 모르기 때문에 뛰지도 못하고 늘

조심 해야 했습니다. 이 아이 때문에 많이 울었고, 부부가 주 앞에 부르 짖으며 기도도 많이 했습니다. 그때마다 주님이 말씀을 주시고 위로함도 주셔서 아이를 통하여 더 주님께 가까이 나아가게 해 주셨습니다.

그런데 셋째를 임신하고 병원에 가니, 셋째도 둘째와 같은 희귀병이라는 것입니다. 둘째를 출산할 당시, 의사가 말하기를 그런 병이 동생에게 올 일은 없고 어쩌다 가정에 하나, 그것도 몇 만 가정 중에 한 사람 올까 말까한 그런 병이라고 그랬는데….

그럼에도 그들은 원망, 불평하지 아니하고 믿음으로 주님 앞에 찬양하고 감사함으로 나아갑니다. 그런데 이렇게 세 아이를 키우는 가운데 아이의 엄마가 배가 너무 아파 병원에 가보니 '대장암 말기'입니다.

그래서 '인공항문'을 달고 치료를 위해 가족과 함께 한국에 돌아왔습니다.

돌아오는 비행기 안에서 하나님께 이렇게 기도합니다. "하나님, 저 살고 싶습니다."

하나님이 물으십니다. "그럼 넌 날 위해 무엇을 할 수 있니?"

"저에게는 더럽고 버릴 것밖에 없는데, 주님을 위해 드릴 것이 뭐가 있겠습니까?"

그런데 한국에 오자마자 '찬양' 해달라는 초청을 받았어요.

'아, 이것이 하나님의 뜻이구나.'

　그래서 '항암 치료'를 받으면서도 남편은 첼로로, 본인은 소프라노로 초대하는 곳마다 가서 찬양합니다. 이 찬양사역을 하는 가운데 둘째가 갑자기 위독해져서 입원해 심장 수술을 받게 됩니다. 중환자실에서 생사의 갈림길에 있는 아이를 앞에 두고, 그들은 주님 앞에 감사하며 찬양했습니다. 병원에 있는 두 달 동안, 틈만 나면 남편은 첼로로, 아내는 아름다운 목소리로 주님을 찬양합니다. 병원에 있던 많은 사람들이 위로를 받고, 어두웠던 중환자실이 그들의 찬양으로 밝아졌습니다.

부부는 이렇게 고백합니다.

"만일 저희가 '아픈 아이들'을 낳지 않았더라면, '아픔 있는 자들의 마음'을 절대로 이해할 수 없었을 거예요. 항암 중에도 '찬양'을 올려 드릴 수 있는 기회가 점점 늘어나면서 하나님이 원하시는 것이 이것임을 알게 되었습니다. 하나님께서는 저희에게 '연주와 찬양'이라는 귀한 달란트를 주셨잖아요. 그걸 사용해 '하나님 나라'의 지경을 넓히는 일을 감당하고 싶어요. 병이 낫든지 낫지 않든지 구애받지 않고, '하나님의 영광을 위한 도구'로 쓰이기 위해, 깎이고 또 깎여서 '온전히 하나님을 닮아갈 수 있는 사람'이 되었으면 좋겠습니다."

할렐루야!

늘 부부가 같이 하나님의 은혜를 찬양한다고 합니다.

"나를 지으신 이가 하나님, 나를 부르신 이가 하나님, 나를 보내신 이도 하나님, 나의 나 된 것은 다 하나님 은혜라."

"야훼는 마음이 상한 자를 가까이 하시고 충심으로 통회하는 자를 구원하시는도다" (시편 34편 18절)

감사 묵상

희망 전도사 이지선 자매를 기억하십니까? 지난 2000년, 밤늦게 도서관에서 공부를 마치고 오빠가 운전하는 차를 타고 함께 집으로 돌아가는 길에 만취한 음주 운전자가 차를 들이받았습니다. 온몸이 다 탔습니다. 전신의 55%가 3도의 중화상을 입었습니다. 마흔 번이나 수술을 받았습니다. 이런 고백을 했습니다.

"저는 사고를 당한 게 아니라, '사고를 만났다'라고 생각합니다. 그날 이후 저는 다시 태어났어요. 오른쪽 손가락만 절단하는 줄 알았는데 왼쪽 손가락도 자른다는 절망의 순간에서도 '엄마 더 많이 자르지 않아서 감사하지?'라고 말했어요. 더 자르지 않을 수 있어서 감사하다고 느꼈습니다. 이때부터 매일 한 가지씩 감사할 것을 찾으며 고통을 버텼습니다. 내 힘으로 숟가락질 하게 돼서 감사하고, 환자복의 단추 구멍을 채울 수 있는 것에 감사하고, 계단을 올라가서 감사하고, 문고리를 잡고 문을 열 수 있는 날에 감사했습니다. 그것도 없는 날은 유일하게 씻을 수 있는 발이 있어 감사했습니다. 사고 이전으로 돌아가고 싶지 않아요. 지금이 가장 행복한 순간입니다."

나의 감사

_____
_____
_____
_____

마가렛 리의
'엄마가 아름다운 이유'

마가렛이 찬양할 때 엄마는 가장 행복하다고 했어요.
나는 찬양할 때, 엄마의 얼굴을 보고 노래할 때가 많습니다.
나를 사랑스럽게 바라보는 엄마의 눈길에 힘이 솟아요.
엄마의 기도처럼 땅 끝까지 찬양으로 하나님의 사랑을 전하고 싶어요.

미국 L.A.에 살고 있는 마가렛 리는 자폐증을 지닌 장애인입니다. 그녀는 지구촌 곳곳에서 하나님이 주신 아름다운 목소리로, 자폐증을 이겨내며 찬양선교를 하고 있습니다.

마가렛 리는 1971년 뉴욕에서 2남 1녀 중 막내로 출생하였습니다. LA에서 초등학교와 중·고등학교를 졸업했으며, 산타모니카 칼리지에서 어머니 이연주 권사와 함께 초급대학 과정을 이수하며, 성악을 전공했습니다.

마가렛의 첫 번째 찬양음악집회는 가수인 윤형주 장로님과 2004년

8월 29일 LA의 윌셔연합감리교회에서 개최되었습니다.

이 찬양집회에 참석한 사람들은 그녀의 아름다운 찬양에 감동의 눈물을 흘렸습니다. 참석자들의 눈물어린 박수와 칭찬에 마가렛의 자폐증이 극적으로 호전되고 잃었던 웃음을 되찾는 기적이 이루어졌습니다. 그후 마가렛은 수많은 찬양집회에 초대되었습니다. 그녀는 자폐아 찬양교실을 만들어 5명의 자폐아에게 노래를 가르치기도 하였습니다.

최근 마가렛은 그림에도 소질을 보이고 있고 2013년에는 대한민국 미술전람회인 국전에서 '보석'이란 그림으로 입선하기도 했습니다.

2015년 5월 가정의 달을 맞아, 미주중앙일보가 주최한 '엄마는 뷰티풀' 수기공모에서 마가렛 리의 '엄마가 아름다운 이유'가 대상인 신데렐라 상을 수상했습니다.

많은 이들 가슴에 감동을 자아낸, 마가렛 리의 '엄마가 아름다운 이유'를 여기에 소개합니다.

내가 어렸을 때, 엄마는 내가 자폐아라는 것을 알고 너무나 슬프게 울었습니다. 엄마는 기도했어요. "하나님, 제가 죽기 하루 전에 마가렛을 꼭 먼저 데려가 주세요." 날마다 울면서 기도했습니다.

그런데 지금은 많이 울지 않습니다. 아니 웃을 때가 더 많아졌어요.

'아픈 마가렛을 통해서 하나님을 알게 되었고, 우리 가족이 모두 구원을 받았다' 면서, 제가 축복을 가져왔다고 활짝 웃습니다.

엄마가 나를 보며 활짝 웃을 때, 우리 엄마는 너무 아름다워요. 너무나 예뻐요. 그럴 때, 나는 엄마 품으로 달려가 안깁니다. 다 큰 게 징그럽다고 말은 하지만, 엄마의 얼굴은 환하게 웃고 있어요. 엄마의 따뜻한 품은 나의 아픈 마음을 녹여줍니다.

엄마는 마가렛을 너무 사랑합니다. 엄마는 엄마 것을 다 버리고 마가렛을 고치려고 모든 것을 포기했습니다. 엄마는 나를 가르치려고 산타모니카 대학에 나와 함께 등록했어요. 우리 마가렛이 A학점을 받았다면서 활짝 웃는 모습이 너무나 아름다웠어요.

엄마는 아픈 나를 위하여 언제나 기도해 주십니다. 엄마의 기도는 마가렛이 하나님을 찬양하게 해 주었어요. 마가렛이 찬양할 때 엄마는 가장 행복하다고 했어요. 나는 찬양할 때, 엄마의 얼굴을 보고 노래할 때가 많습니다. 나를 사랑스럽게 바라보는 엄마의 눈길에 힘이 솟아요. 엄마의 기도처럼 땅 끝까지 찬양으로 하나님의 사랑을 전하고 싶어요.

엄마는 내 옷도 다 만들어주십니다. 처음 음악회때 입은 '조수미 드레스'도 엄마가 직접 만들어 주신 것입니다. 지금은 키가 컸다며 '손예진 드레스'를 만들어 주었어요. 엄마가 만들어 주신 옷은 편안하고, 따뜻하고 예쁩니다.

엄마는 매일 기도합니다. 부족한 나를 하나님께 바치고 싶다고 기도합니다. 그리고 엄마는 "또 하나의 열매를 바라시며" 찬송을 들으면서 너무 많이 웁니다. 자폐아도 하나님이 주신 소중한 존재라는 것을 모든 사람들에게 깨닫게 해주고 싶다고 기도합니다. 나도 우리 엄마 소망대로 또 하나의 열매를 많이 맺기 위하여란 찬송가를 많이 부르겠습니다.

엄마, 마가렛을 키워주셔서 감사해요. 같이 살아주셔서 감사합니다. 마가렛을 위해 기도해 주셔서 감사해요. 엄마가 오래 오래 사셔서 하나님 나라 가는 그 날까지 저와 함께 살아요.

하나님, 우리 엄마 더 건강하도록 지켜주세요.

엄마, 저는 혼자 설 수 없어요. 항상 곁에서 기도해 주시고 사랑해 주세요. 그래서 마가렛이 이 찬양음반을 가지고 하나님 찬양할 수 있게 기도해 주세요. 엄마, 그림을 배우게 해주셔서 감사합니다. 엄마의 아름다운 모습을 그리고 싶어요. 열심히 그림을 배워서 꼭 아름다운 엄마 모습 그릴 거예요. 그리고 엄마의 그 아름다운 모습, 내 가슴에 고이고이 간직할 거예요.

엄마, 엄마, 사랑해요.

"죄가 있어 매를 맞고 참으면 무슨 칭찬이 있으리요 그러나 선을 행함으로 고난을 받고 참으면 이는 하나님 앞에 아름다우니라 이를 위하여 너희가 부르심을 받았으니 그리스도도 너희를 위하여 고난을 받으사 너희에게 본을 끼쳐 그 자취를 따라오게 하려 하셨느니라" (베드로전서 2장 20-21절)

지독히 불행하게 살던 한 여인이 있었습니다.

어느 날, 이 여인의 꿈에 원하는 건 무엇이든 파는 가게가 나타났습니다.

이 여인은 너무 좋아하며 말했습니다.

"마음의 평화와 사랑, 지혜와 행복을 주시고요. 온갖 걱정을 털어 버리게 해 주세요."

그러자 가게 주인은 미소를 지으며 말했습니다.

"부인, 우리 가게는 열매를 파는 게 아니라 씨앗만 팝니다. 자, 여기 부인이 원하는 모든 것이 열리는 씨앗입니다.

바로 감사의 씨앗입니다."

나의 감사

_____
_____
_____
_____
_____
_____
_____
_____

꿈과 믿음이
기적을 낳습니다

50살이 넘어서야 꿈을 이룬 그는
'장애의 문제는 몸이 아니라 마음의 장애'라고 말합니다.
휠체어에 앉아서도 하늘을 나는 꿈을 늘 꾸었습니다.

휠체어를 타는 장애인이 비행기 조종사가 될 꿈을 꾼다면 모두들 비정상이라고 생각하겠지요?

그런데 그 꿈을 이룬 사람이 있습니다. 미국 산호세에 거주하는, 아시아인 최초의 장애인 경비행기 조종사 최영재 님입니다.

3살 때 심한 고열이 난후 소아마비가 되어 휠체어에 몸을 의지하게 됐지만, 하늘을 날고픈 꿈을 버리지 않았답니다. 50살이 넘어서야 꿈을 이룬 그는 '장애의 문제는 몸이 아니라 마음의 장애'라고 말합니다.

그는 휠체어에 앉아서도 하늘을 나는 꿈을 늘 꾸었습니다. 그리고 하나님의 은혜로 컴퓨터 프로그램을 전공하고 e-bay라고 하는 회사에 소프트웨어 엔지니어로 취직했습니다.

어느 날 양팔 없는 여성 파일럿 제시카 콕스의 영상을 보면서 "발로도 비행기를 조종하는데, 손이 있는 내가 못할 게 뭐냐"는 생각을 했답니다.

'꿈에 도전해보자.'

꿈을 향해 도전하기로 했던 때, 그의 나이 52세.

하지만, 어렸을 때부터 큰 수술을 5번이나 받았고 C형 간염으로 죽을 고비를 넘길 만큼 병력이 있는 그에게 파일럿이 되고픈 꿈에 도전하기도 쉽지는 않았지만 휠체어를 탄 장애인에게 조종사 훈련을 시키는 곳을 찾기가 쉽지 않았습니다.

정말 '은혜'로, 매년 미국 전역에서 5-6명의 장애인을 선발해서 비행훈련 교육비용을 전액지원해주는 비영리재단 '에이블 플라이트'able flight라고 하는 곳을 찾았고, 그가 동양인 최초로 뽑힌 것입니다.

그는 비장애인과 똑같은 고강도 비행훈련을 받고 아시아 최초로 장애인 파일럿이 되었습니다. 놀랍게도 나중에는 비행기 조종사들이 힘들다고 하는 곡예비행까지 하는 장애인 파일럿으로 이름을 날리게 되었습니다. 그는 지금 미국 시애틀에 있는 한 교회에서 신앙생활을 하며 이렇게 고백합니다.

"두 다리로 걸을 수는 없었지만, 하늘을 자유롭게 날 수 있게 되었습니다. 도전하지 않으면 아무 일도 일어나지 않습니다. 불가능할 것 같은 이 꿈을 제가 장애를 이유로 포기했다면 이렇게 성취되는 일은 없었을 겁니다. '꿈과 믿음'을 가지고 나아간다면 이루어집니다.

진짜 장애는 '우리의 생각'이며, 생각이 바뀔 때 '꿈'은 '현실'이 됩니다. 앞으로의 제 꿈은 우주선 비행입니다."

자신이 존귀한 존재임을 깨닫는 믿음, 이것이 최고의 감사 조건입니다.

"모든 은혜의 하나님 곧 그리스도 안에서 너희를 부르사 자기의 영원한 영광에 들어가게하신 이가 잠깐 고난을 당한 너희를 친히 온전하게 하시며 굳건하게 하시며 강하게 하시며 터를 견고하게 하시리라" (베드로전서 5장 10절)

감사 묵상

장유진 양은 2002년 뇌동맥기형으로 인한 뇌출혈로 쓰러져 뇌병변 장애 2급, 시각장애 4급을 받았고, 열한번이나 뇌출혈로 쓰러졌습니다. 그런 장애에도 불구하고 지난 10년간 노트로 45권, 7천 여편의 시를 썼습니다.

늘 밝게 웃는 유진 양이 이런 고백을 합니다.

"저에게 장애가 없었다면 시를 쓰지 않았을 거 같아요. 1천명 대신에 제가 아프기로 하고 시를 쓰는 것은 아닐까라는 생각을 했어요. 하나님께서 저한테 왜 이런 시련을 주셨는지 이제는 알 것 같아요. 저의 재능을 통해 많은 사람들에게 희망을 주고 싶어요. 예전에는 저의 장애가 한없이 원망이 되었지만 시를 쓰게 되면서 나도 뭔가를 할 수 있다는 자신감도 생기고 꿈과 희망도 생겼어요. 이제는 이 모든 것이 너무 감사해요"

잘 될 때, 좋은 일이 생겼을 때의 감사는 누구나 할 수 있습니다. 고난 중에 하는 감사가 진짜 감사입니다.

나의 감사

_____

_____

_____

_____

_____

모리타니 마마의
감격

무슬림들은 선교사님을 '마녀'라며, 늘 교회당 주변을 돌면서
예수믿는 사람들이 있으면 들어와서 끌어내고 불을 지르고 갑니다.
베풀고… 또 베풀었더니, 그들이 감동하기 시작했습니다.

복음을 전하며 사는 것과 비길 수 있는 더 큰 기쁨, 더 큰 축복은 없습니다.

2년 전, 아프리카 북쪽 모리타니에서 사역하시는 권경숙 선교사님이 〈내 이름은 모리타니 마마〉라는 책을 내셨습니다. 모리타니라는 나라 이름은 들어보기가 쉽지 않을 만큼 작고 가난한 나라, 사하라 사막에 자리하고 있는 나라 중에 하나입니다.

20년이 넘도록 이곳에 가서 버려진 아이들의 엄마로서 사막의 기적을 이룬 귀한 선교사님. 위생시설이 전혀 없어 파리가 들끓는 빈민가에 들어가, 선장이던 남편과 만나 결혼하고 선교사역을 시작하려는 그 때에 남편이 갑자기 병에 걸려 3년 만에 세상을 떠납니다.

키가 150cm 정도의 자그마한 선교사님인데, 십자가를 세워놓고 복음을 전한다고 해서 무슬림들은 선교사님을 '마녀'라며, 늘 교회당 주변을 돌면서 예수 믿는 사람들이 있으면 들어와서 끌어내고 불을 지르고 갑니다. 에이즈에 걸려 죽어가는 환자들을 돌보아주니까, '여기는 죽음의 소굴'이라고 비난하고… 그런데도 굴복하지 않고 몸이 부서져라 장애인들과 헐벗고 굶주린 사람들, 거리에서 비참한 삶을 살고 있는 여인들을 돌보았습니다. 20년을 하루같이 돌보며 유치원을 세워서 아이들을 가르치고. 죽을 고비를 넘기면서까지 그들에게 사랑을 베풀고 또 베풀고… 또 베풀고… 또 베풀었더니, 그들이 감동하기 시작했습니다.

"우리 모리타니의 마마다! 엄마다!"라고 고백하기 시작했습니다.

그리고 선교사님의 사역을 저들이 존중히 여기고 선교사님을 사랑하여 많은 사람들이 주님께 돌아오는 놀라운 역사가 나타났습니다. 더욱 놀라운 것은 눈없는 아프리카 모리타니에서 네 명의 지적 장애우를 한국에 데리고 와서는 평창 동계 스페셜올림픽에 출전시켜 모리타니 건국이래 최초로 스페셜올림픽에서 금메달을 땄습니다.

권 선교사님은 이런 고백을 했습니다.

"내가 아이들을 데리고 사막을 건너 평창까지 온 것은 기적이었습니다. 게다가 태어나 눈 한 번 구경해 보지 못한 '빌리리'가 동계올림픽에서 메달까지 땄습니다. 나이는 서른이지만 지능은 일곱 살 아이보다도 못해 인터뷰를 하는 동안 본인의 소개도 제대로 하지 못했지만 아이들이 올림픽에서 메달을 땄다는 것은 기적이요, 하나님의 은혜였습니다. 저는 주님 다시 오실 때까지 주님을 알지 못하는 사람들에게 복음을 증거 하다가 땅 끝에서 주님을 만날 것입니다."

이보다 더 큰 기쁨, 더 큰 감동이 있을까요!

정말 아직도 우리 주위에는 영혼이 갈급해서, 갈 바를 알지 못해서 방황하고 있는 많은 불쌍한 영혼들이 있습니다. 어서 가서 구원의 우물에서 생수를 퍼서 저들에게 전해주어야 합니다.

"예수 믿고 구원 받으세요. 예수 믿고 행복을 찾으세요. 예수 믿고 기쁨을 얻으세요. 예수 믿고 참 만족을 얻으세요. 예수님만이 우리의 모든 것이 되십니다. 예수님만이 우리의 모든 문제를 해결해주십니다. 예수님만이 참된 치료자가 되십니다."

"형제들아 우리가 아시아에서 당한 환난을 너희가 모르기를 원하지 아니하노니 힘에 겹도록 심한 고난을 당하여 살 소망까지 끊어지고 우리는 우리 자신이 사형 선고를 받은 줄 알았으니 이는 우리로 자기를 의지하지 말고 오직 죽은 자를 다시 살리시는 하나님만 의지하게 하심이라" (고린도후서 1장 8-9절)

감사 묵상

나환자촌에서 소외된 이웃을 섬기는 이상윤 교수님은 국내 첫 언어장애인 교수입니다. 2006년 서른세 살의 나이에 생존확률 10퍼센트 미만의 희귀질환인 상악동암이라는 진단을 받았습니다. 6개월 이상 살지 못한다는 시한부 통보를 받았습니다. 그는 죽음이란 절망 가운데서 하나님을 찾았고 만났고 붙들었습니다. 그리고 하나님의 은혜 가운데 국립 부경대학교 교수로 임명됐습니다. 이런 간증을 합니다.

"투병 중에도 저는 혼자가 아니었습니다. 힘든 일이 닥칠 때마다 손에서 놓지 않았던 성경 구절 중에서 어느 날 '달리다굼'이란 단어가 떠올랐습니다. 입 안에 피가 멈추지 않는 고통 속에서도 그 말씀을 부여잡고, 전능하신 하나님의 손이 저를 살릴 것을 믿었습니다. 끝까지 전능하신 하나님께 대한 신뢰의 끈을 놓지 않자 극한 고통 속에서도 숨을 쉴 수 있음에 감사하게 되었습니다."

나의 감사

_____
_____
_____
_____
_____
_____

"그 은혜가 네게 족하도다"

"만일 내가 괴롭지 않았더라면 하나님의 사랑을 받아들이지 못하였을 것을, 하나님의 사랑이 나타나지 않았을 것을…"

미즈노 겐조水野源三·1937-1984라는 일본인 성도를 기억하십니까?

10살이던 초등학교 4학년 때, 뇌성마비를 앓아 전신마비 장애인이 되었습니다. 눈을 깜박거리는 것 외에는 아무것도 할 수 없게 된 것입니다. 움직일 수가 없기 때문에 죽고 싶어도 죽을 수도 없었습니다. 울고 싶어도 맘 놓고 울지도 못합니다. 옆에서 누군가 눈물을 닦아줘야 하기 때문입니다.

온 몸이 마비된 상태로 항상 누워있는 미즈노 겐조.

이런 절망 가운데 어떻게 그가 일어날 수 있었을까요?

12살 때의 일입니다. 어머니가 운영하는 조그마한 가게에 빵을 사러 온 한 목사님이 성경책을 주었습니다. 어머니가 이 성경을 매일같이 아들에게 읽어주었고 그 아들은 하나님의 말씀을 듣고 마음의 문을 열어 예수님을 영접하게 된 것입니다. 그가 큰 은혜를 받은 성경말씀이 바로 고린도후서 12장 9절, "내 은혜가 네게 족하도다" 입니다.

전에는 죽고 싶어서 눈물을 흘렸지만, 주님을 만난 후에는 너무 감사해 감격의 눈물을 흘리기 시작했습니다. 하나님의 크신 은혜에 감사했고 구원의 기쁨에 감사했습니다. 영원한 하나님 나라의 백성이 된 것에 감사했습니다. 그리고 감사의 글을 쓰기 시작했습니다.

그런데 어떻게 글을 쓸 수 있었을까요?

먼저 히라가나 가타가나 50개 글자를 써놓습니다. 그리고나서 글자를 하나하나 짚어가던 중 어느 글자에 눈을 깜박거리면 어머니가 그 글자를 적습니다. 이렇게 하나하나 아들이 눈을 깜박거리는 것으로 시집을 써 냈습니다. 그것들이 시집으로 연이어 엮여나와 많은 일본인들이 읽고 큰 감동을 받았습니다.

'괴롭지 않았더라면'이란 시에서 이렇게 고백합니다.

"만일 내가 괴롭지 않았더라면
하나님의 사랑을 받아들이지 못하였을 것을

만일 모든 형제자매들 괴롭지 않았더라면
하나님의 사랑 전해지지 않았을 것을
만일 우리 주님이 괴롭지 않았더라면
하나님의 사랑은 나타나지 않았을 것을"

일본의 최대 방송국인 NHK에서 미즈노 겐조의 이야기를 다큐멘터리로 만들었고 이 방송을 통해 많은 사람들이 예수님을 영접하게 되었습니다. 두 번째 시집의 책 제목이 "그 은혜가 네게 족하도다" 입니다.
그 안에 있는 시 한 편을 소개하겠습니다.

'그리스도를 알기 위함이라는 걸 깨달았습니다'

병으로 쓰러졌던 그때에는
눈물이 흐르고 슬펐지만
'영의 아픔을 치유하시는 그리스도'를
알기 위함이라는 걸 깨닫고
기쁨과 감사로 바뀌었습니다.
친구에게 외면당하던 그때에는
밤에 잠들지 못할 만큼 원망스러웠지만

'영원히 변치 않는 친구 되신 그리스도'를
알기 위함이라는 걸 깨닫고
기쁨과 감사로 바뀌었습니다.

실수했던 그때에는
마음이 혼란스러웠지만
'모든 것을 속죄하신 그리스도'를
알기 위함이라는 걸 깨닫고
기쁨과 감사로 바뀌었습니다.

_출처: 미즈노 겐조, '감사는 밥이다'(서울: 선한청지기, 2014)

    우리 가운데 그 누구도 온 몸을 움직이지 못하고 눈만 깜박거리며 살아가는 사람은 없을 것입니다. 하나님께서는 우리에게 자유롭게 활동할 수 있고, 말할 수도 있고, 원하는 곳에 어디든 갈 수 있는 튼튼한 다리도 주셨습니다.

    미즈노 겐조는 넘치는 감사로 살다가 주님 곁으로 갔습니다.

    그런데 왜 우리는 감사하지 않을까요?

"그가 찔림은 우리의 허물 때문이요 그가 상함은 우리의 죄악 때문이라 그가 징계를 받으므로 우리는 평화를 누리고 그가 채찍에 맞으므로 우리는 나음을 받았도다"(이사야 53장 5절)

감사 묵상

시편 138편은 다윗이 수많은 고난을 통과하고 난 후에 주님 앞에 올려 드리는 감사의 시입니다.

"내가 전심으로 주께 감사하며 신들 앞에서 주께 찬송하리이다. 내가 주의 성전을 향하여 예배하며 주의 인자하심과 성실하심으로 말미암아 주의 이름에 감사하오리니 이는 주께서 주의 말씀을 주의 모든 이름보다 높게 하셨음이라.(중략)

내가 환난 중에 다닐지라도 주께서 나를 살아나게 하시고 주의 손을 펴사 내 원수들의 분노를 막으시며 주의 오른손이 나를 구원하시리이다. 야훼께서 나를 위하여 보상해 주시리이다. 야훼여 주의 인자하심이 영원하오니 주의 손으로 지으신 것을 버리지 마옵소서."

여러분은 전심으로 주님께 감사하며 찬송하고 있습니까?

나의 감사

_____

_____

_____

_____

_____

_____

내 눈에는
희망만 보였다

"누구보다 행복하고 축복 받은 삶을 살아 온 제가
이렇게 주변을 정리하고 사랑하는 사람들에게 작별인사를 할 시간을
허락 받아 감사합니다."

2012년 하늘나라로 가신 강영우 박사님. 시각장애인이었던 그분이 천국 가시기 전에 "내 눈에는 희망만 보였다" 라는 책을 남겼습니다.

그는 너무나도 힘들고 고통스러운 어린 시절을 보내야 했습니다. 중학교 3학년 때, 축구공에 눈을 맞아 두 눈이 멀게 되었습니다. 1년 전에 아버지가 돌아가셨는지라 더욱 고통스러웠습니다. 아들이 축구공에 맞아 앞을 못 보게 되었다는 말을 들은 어머니는 충격을 받아 뇌졸중으로 쓰러져 8시간 만에 돌아가셨습니다. 이게 끝이 아니었습니다. 고등학교에 다니던 누나는 장애인이 된 동생을 돌본다고 학교를 중퇴했습니다. 그리고 봉제공장에 다니다 과로로 2년 만에 세상을 떠났습니다. 졸지에 그는 시각장애인이 된 채로 천애의 고아가 된 것입니다.

어떻게 보면 죽음보다 더 못한 삶이 아닐까요? 강영우란 어린 시각장애인 학생에게 그 어떤 것도 기대할 수 없는 절망뿐이었을 것이기 때문입니다.

그런데 그 누나가 죽기 전에 동생의 손을 꼭 붙잡고 이렇게 당부했습니다. "불광동에 가면 천막을 친 교회가 있는데, 거기가면 누군가 병을 고치는 사람이 있다더라. 꼭 가서 기도를 받아."

그분이 바로 조용기 목사님입니다.

강영우 박사님은 조용기 목사님께 기도를 받았습니다. 그런데 육신의 눈을 뜬 것이 아니라 영의 눈을 뜬 것입니다. 꿈을 가졌습니다. 하나님이 주시는 거룩한 꿈을 가졌습니다.

"너는 비록 앞을 못 보고, 고아이지만, 내가 너와 함께할 것이다. 앞으로 너는 불쌍한 많은 사람들에게 하나님의 영광을 나타내게 될 것이다."

꿈을 품고 믿음으로 나아갔더니 하나님께서 연세대학을 졸업하도록 해주셨습니다. 미국으로 유학을 가게 하셔서서 3년 8개월 만에 피츠버그 대학에서 교육학 박사학위를 받게 하셨습니다. 한국인 최초의 시각장애인 박사가 된 것입니다. 한국에 돌아올 길이 닫히니까 하나님께서는 그를 미국의 대학교수로 인도하셨습니다. 부시 대통령 때에는 백악관에서 장애인위원회 정책 차관보로 7년 넘게 미국의 장애인을 섬길 수 있게 해 주셨습니다.

또 세계 장애인위원회 부회장 겸 루즈벨트 재단 고문으로 7억 명에 가까운 세계 장애인을 섬기는 귀한 인물로 사용해 주셨습니다.

2011년 성탄절을 이틀 앞두고 지인들에게 자신이 세상을 떠나게 된다는 것을 이메일을 통해 담담히 알렸습니다.

갑작스런 죽음에 대한 원망도, 회한도 없었습니다.

"누구보다 행복하고 축복 받은 삶을 살아 온 제가 이렇게 주변을 정리하고 사랑하는 사람들에게 작별인사를 할 시간을 허락 받아 감사합니다. … 췌장암 말기로 의료진으로부터 한 달이라는 시한부를 선고받았습니다. … 귀하를 통해 내 인생이 더욱 빛났습니다. …"

또 자신의 장애를 생각해서인지 가장 먼저 장애인을 향한 유언을 영상으로 남기셨습니다. "장애를 저주로 생각하고 원망하고 불평하는 삶을 살면 그대로 돼요."

그분은 중학교 시절 닥친 자신의 실명에 대해서도 언급하며, "실명을 통해 하나님은 제가 상상할 수 없는 역사들을 이뤄내셨다."라고 감사했습니다.

그리고 강 박사님은 마지막으로 가족들에게 "슬퍼하지 마라. 하나님이 나를 이날까지 이렇게 잘 써주셨다."라는 위로를 남겼습니다.

강 박사님은 그의 마지막 책 "내 눈에는 희망만 보였다"에서 이렇게 고백했습니다.

"저에게 장애는 축복 그 자체였습니다. 저를 보면 어둠인데 주님을 보니 빛이었습니다. 그래서 주님만 보았습니다. 장애는 불편함일 수는 있어도 불완전함은 아닙니다. 누구나 겪을 수 있는 질병과 같은 것입니다.

당신을 지배하는 생각의 장애, 마음의 장애, 영적인 장애를 뛰어 넘어 나의 장애보다 크신 하나님을 바라볼 때 꿈은 이뤄집니다.

하나님은 저의 실명을 통해 저의 삶뿐만 아니라 세상을 바꾸셨습니다. 실명을 하기 전 저는 딱히 세상을 살아가는 목적이 없었습니다. 원대한 꿈을 가지고 세상에 나아가 이 세상을 더 아름다운 곳으로 만들겠다는 생각같은 것은 해 본 적이 없었던 것입니다.

그런데 실명을 하고 나서야 저는 꿈을 가졌습니다. 그때서야 온전히 하나님의 도구로 살아가겠다는 생각이 들었고, 목표가 생기니 공부할 이유도 생겼습니다. 저는 아무것도 보이지 않아도 희망으로 가득 찬 삶을 살았습니다.

제 생애는 결코 고통의 시간들이 아니었으며, 하나님이 베풀어 주신 축복의 시간이었습니다."

"믿음의 주요 또 온전하게 하시는 이인 예수를 바라보자 그는 그 앞에 있는 기쁨을 위하여 십자가를 참으사 부끄러움을 개의치 아니하시더니 하나님 보좌 우편에 앉으셨느니라" (히브리서 12장 2절)

'고목나무'라는 노래를 불러서 널리알려졌고 1,000곡이 넘는 곡을 작곡했으며 많은 히트곡을 가진 가수였다가 목회자가 된 장욱조 목사님이 있습니다.

음반 제작을 하다가 완전히 실패한 그는 모든 것을 잃어버리고 여기저기 떠돌아 다니는 신세가 되었습니다. 그 절망의 때에 아내가 그를 교회로 인도했습니다. 그는 교회에 나와 연예인 선교단과 함께 "나같은 죄인 살리신"이란 찬양을 부르다가 은혜를 받아 성령의 감동으로 참회하며 주님을 영접했습니다. 예수님을 영접하고 그가 지은 곡이 '생명나무'라는 찬양입니다.

그후 그가 마태복음 6장 26절에서 33절 까지의 말씀을 붙잡고 나아갔을때 하나님의 은혜가 임했고 기적과 축복을 경험할 수 있었습니다. 1년 6개월만에 모든 빚을 다갚고 장막까지 마련할수 있게 되었습니다. 그후 그는 신학을 공부하여 목회자가 되어 노래와 간증을 통해 많은 사람들에게 복음을 전하고 있습니다.

나의 감사

나는 이제
천국으로 간다

이 세상에서 얼마나 오래 사느냐가 중요한 것이 아니라
우리에게 가장 중요한 것은 '어떻게 사는가',
즉 우리가 '어디로 가고 있는가' 입니다.

19세기의 위대한 부흥사이며 설교자였던 D. L. 무디Dwight Lyman Moody목사님은 죽음이 임박한 것을 예감하고 친구들에게 이렇게 말했습니다.

"어느 날 신문에서 도스필드의 무디가 죽었다고 하는 기사를 읽거든 그 사실을 믿지 마시오. 그때는 지금의 나보다 더 확실하게 살아있을 것입니다. 흙으로 지은 옛집에서 나와 더 크고 영원한 집, 죄악이 접근하지 못하는 영광스런 몸을 입고 더 높은 곳에 있을 것입니다. 육신은 1837년에 태어났고 영혼은 1856년에 태어났습니다. 육신은 죽을 것이나 성령으로 난 것은 영원히 살 것입니다."

무디 목사님의 임종 모습에 대한 기록이 있습니다. 1899년 12월 22일 금요일 아침, 목사님의 아들 윌은 복도 건너편 아버지의 방에서 중얼거리는 소리를 들었다고 합니다.

"대지가 물러간다. 내 눈앞에 하늘이 열러 있다."

윌은 아버지의 방으로 달려가 목사님을 불렀습니다. 그러자 무디 목사님은 "이것은 꿈이 아니다. 윌, 정말 아름답구나. 정말 황홀하구나! 하나님께서 나를 부르고 있다. 나는 가야만 한다."라고 말하고 의식을 잃어 갔습니다.

주치의의 구명 노력으로 다시 살아난 목사님은 "천국의 문 앞에 갔는데 그곳은 말할 수 없을 만큼 멋지고 아름다운 곳이며 애들도 만났다."라고 했습니다. 누구를 보았느냐고 묻자, 무디 목사님은 먼저 죽은 아이린과 드와이트를 만났고 "무엇으로도 나를 더 이상 이곳에 잡아둘 수 없다. 나를 데리고 갈 마차가 방안에 와 있다."라고 말하고 주님의 부르심을 받았다고 합니다.

여러분, 죽음에 대해 진지하게 생각해 본 적이 있습니까? 이 세상에 죽음만큼 확실한 것은 없습니다. 우리의 남은 시간은 얼마나 될까요? 1년일까요? 설마 그렇게 짧지는 않겠지요? 그렇다면 10년, 20년, 아니 30년일까요? 아무리 길어도 지금부터 100년 이상을 살 수 있는 사람은 없을 것입니다. 그런 점에서 우리는 모두 100년 이하의 시한부 인생입니다. 그런데 사람들은 겨우살이 준비를 하면서도 죽음은 준비하지 않습니다.

이 세상에서 얼마나 오래 사느냐가 중요한 것이 아니라 우리에게 가장 중요한 것은 '어떻게 사는가', 즉 우리가 '어디로 가고 있는가'입니다.

앗시시의 성 프랜시스가 불치의 병으로 눕게 되었습니다. 의사는 높은 인격을 소유한 프랜시스에게는 죽음을 숨길 필요가 없다고 생각하여 그의 생명이 얼마 남지 않았음을 말해 주었습니다. 의사의 선고를 받는 순간, 그의 얼굴은 꽃처럼 피어나며 기쁨으로 가득 찼고 그의 입술에서는 시가 흘러나왔습니다.

"나의 죽음을 인하여
주를 찬양하리라
죽음에서 피할 수 없음은
축복 중에 축복이니
두 번째 죽음이 우리를 해치 못하리라
하나님의 뜻에 자기를 맡기는 자여
그대에게 축복이 있으리라"

성 프랜시스는 육체의 죽음을 두 번째 죽음으로 보았습니다. 자기의 옛 생활을 예수 그리스도의 십자가에 못 박은 것을 첫 번째 죽음으로 생각하였기 때문입니다. 예수 그리스도와 함께 죽고 새 삶으로 부활한 자에게는 실상 죽음이 없습니다.

"너희보다 먼저 가시는 너희의 하나님 야웨께서 애굽에서 너희를 위하여 너희 목전에서 모든 일을 행하신 것 같이 이제도 너희를 위하여 싸우실 것이며 광야에서도 너희가 당하였거니와 사람이 자기의 아들을 안는 것 같이 너희의 하나님 야웨께서 너희가 걸어온 길에서 너희를 안으사 이 곳까지 이르게 하셨느니라"(신명기 1장 30-31절)

매일 매일의 삶에 충실할 때 죽음은 더 이상 죽음이 아닙니다. 하루하루를 충만히 사는 것이야말로 죽음에 대한 가장 이상적인 준비입니다. 죽음을 전제로 하지 않고 사는 삶은 가짜 보석과 같습니다.

  어느 호스피스의 말에 의하면 사람이 죽어가면서 마지막으로 하는 세 마디는 "그때 좀 참을 걸, 그때 좀 베풀 걸, 그때 좀 재미있게 살 걸."이라고 합니다. 임종하는 순간에 "사업에 좀 더 많은 시간을 쏟았더라면 좋았을 텐데." 하고 후회하는 사람은 아무도 없습니다.

나의 감사

아~ 이것이
하나님의 마음이군요!

"내가 네 딸 때문에 안타까워하면서 가슴 아파 울고 있느냐?
이제 그만 세상에서 내게 돌아와라. 지금까지 아무리 돌아오라고 해도 듣지 않고
세상 벼랑 끝을 향해 가고 있는 너를 바라보면서
안타까워하는 내 마음이 바로 지금 너와 같은 마음이다."

예수 그리스도의 십자가 사랑을 깨닫는 것과 그렇지 않은 것, 그 차이가 얼마나 큰 것인지를 보여주는 일들은 참 많습니다.

얼마 전에 '어둠에서 빛으로'라는 책을 낸 이진선 집사님의 이야기를 읽어보면 축복을 준비하신 하나님의 섭리를 느끼게 됩니다.

11년 전까지만 해도 이집사님은 술을 즐기고 노는 것을 좋아했습니다. 동생이 목사인데도 "내 앞에서 예수의 '예'자도 꺼내지 말라"고 전도를 거부했습니다. 그러다가 2004년 미국으로 이민을 가 룸싸롱을 열었고, 자신이 좋은대로 살았습니다. 하지만 하나님은 사랑하는 자가

언제까지나 그렇게 살도록 내버려두지 않습니다.

　10년이 지난 후, 대학입학을 앞둔 딸에게 문제가 생겼습니다. 평소에 공부를 잘하고 속 한 번 썩이지 않던 딸이 갑자기 이상해졌습니다. 몸 안에 무언가 딱딱한 것이 돌아다니며 딸을 괴롭혔습니다. 딸의 방에 들어가면 눈꼬리를 탁 올리고, '나가! 나가!' 소리를 쳤습니다. 어머니는 너무 큰 충격을 받았습니다. 넉 달을 계속 그랬던 것입니다. 딸을 위해서 미국까지 건너갔는데 이렇게 되니까 죽고 싶었습니다.

　그때 목사 동생이 찾아와서, '누나, 회개하고 하나님께 엎드려 기도하라'고 하더랍니다. 다급해지니, '회개라니, 내가 뭘 잘못해서 회개해야 해?' 하던 과거와 달리, 무조건 무릎 꿇고 주 앞에 매달렸습니다.

　"하나님, 지금 저 아이는 내 딸 모습이 아니에요. 내 딸 모습은 저렇지 않았어요. 내 딸을 살려주세요. 고쳐주세요. 고쳐주세요…"

　눈물로 기도하는데 갑자기 그 마음 속에 주님의 음성이 가슴을 치듯이 들려왔습니다.

　"네가 네 딸 때문에 안타까워하면서 가슴 아파 울고 있느냐? 이제 그만 세상에서 내게 돌아와라. 지금까지 아무리 돌아오라고 해도 듣지 않고 세상 벼랑 끝을 향해 가고 있는 너를 바라보면서 안타까워하는 내 마음이 바로 지금 너와 같은 마음이다."

　그 순간 주 앞에 통곡하며 기도를 드리는데 마음에 말할 수 없는 기

쁨, 은혜가 충만했습니다. 그녀의 고백이 이어집니다.

"아~ 이것이 하나님의 마음이군요! 주님, 사랑합니다. 감사합니다. 이제부터 하나님만 기쁘시게 하는 딸이 되겠습니다."

당장 룸살롱을 그만두고 그 자리를 크리스천 카페로 바꾸었습니다. 그곳을 찾아오는 손님들을 섬겼습니다. 그곳이 선교센터로 바뀌게 되었습니다. 물론 딸아이도 기적같이 회복되어 대학에 진학했습니다.

"자식이라는 돌부리에 걸려 넘어져서 울고 있을 때, 저를 향한 '하나님의 사랑'을 알게 해 주셨습니다.

'예수 그리스도'를 전하지 않고는 견딜 수 없습니다. 앞으로도 주님만 바라보며 하나님을 기쁘시게 하는 딸이 되겠습니다!"

"너의 하나님 야훼가 너의 가운데에 계시니 그는 구원을 베푸실 전능자이시라 그가 너로 말미암아 기쁨을 이기지 못하시며 너를 잠잠히 사랑하시며 너로 말미암아 즐거이 부르며 기뻐하시리라 하니라" (스바냐 3장 17절)

감사 묵상

한 살 때 열병을 앓은 후유증으로 소아마비가 되어 걸을 수 없게 된 배은주 집사님이 있습니다. 여덟 번이나 다리와 척추 수술을 했는데도 걸을 수 없어 자살까지 결심하게 되었습니다. 그런데 동네 친구가 그를 업고 간 곳이 교회입니다. 예수님을 만났습니다. 천국 소망을 가졌습니다. 그는 장애인 예술단 단장으로, 가수로, 방송인으로, 작사자로 1인 4역을 하며 휠체어를 타고 온 세계를 돌며, 희망을 전하고 있습니다. 이런 고백을 했습니다.

"저는 장애를 불행이라고 생각하지 않습니다. 돌이켜 보니 고난을 겪으면서 비로소 희망이 내 안에 있다는 사실을 깨닫게 됐습니다. 앞으로 삶의 어떠한 순간이 다가온다 할지라도 세찬 바람조차 삶의 소중한 일부로 여기며 감사하고 싶습니다. 장애 때문에 오히려 많은 것을 할 수 있다는 것에 감사하며 세상이 눈물이 나도록 아름답습니다."

나의 감사

죽음을
두려워하지 않은 사람들

여기에 기록한 많은 분들은 예수님으로 인하여 삶의 목표와 내용이 바뀌어 생명까지 바친 예수의 사람들입니다. 어떤 박해가 와도 예수의 복음을 포기하지 않은 이유는 거기에 '희망'이 있기 때문입니다.
어떤 상황에서도 희망은 다시 일어설 수 있는 힘입니다.

베드로는 로마에서 전도하다가 십자가에 거꾸로 매달려 못 박힘을 당했습니다. 제롬은 베드로의 죽음을 이렇게 기록하고 있습니다. "베드로는 머리가 땅으로, 다리가 위를 향하는 자세로, 즉 거꾸로 십자가에 못 박혔습니다. 그는 주님과 같은 자세로 죽을 만큼 자신이 고귀하지 못하다는 생각을 하였습니다."

안드레는 많은 아시아 국가들에서 복음을 전파했습니다. 헬라에서 전도하다가 아가야 성에서 십자가에 줄로 매달려 죽임을 당했습니다. 안드레가 달린 십자가는 X형이었습니다. 그는 숨이 끊어질 때까지 설교했다고 합니다.

세베대의 아들 야고보는 예루살렘에서 헤롯에게 칼로 목 베여 죽임을 당했습니다. 스데반이 죽은지 10년이 채 지나지 않아 일어난 일입니다. 헤롯 아그립바가 유대의 총독으로 임명되어 유대인들에게 환심을 얻을 목적으로 그리스도인들에 대하여 무서운 박해를 가하기 시작했을 때였습니다. 야고보는 예수님의 제자 중에서 가장 먼저 순교했으며, 사도행전 12장에도 기록되어 있습니다.

빌립은 북아시아Upper Asia에서 신실하게 주를 섬겼으며, 프리기아의 헤리오폴리스에서 순교를 당했습니다. 그는 채찍에 맞았으며, 감옥에 갇힌 후 A.D. 54년에 십자가에서 처형되었습니다.

바돌로매는 여러 나라에서 복음을 전파했습니다. 아르메니아에 가서 전도하다가 오랫동안 잔인하게 폭행을 당했으며, 우상 숭배자들에 의해 거꾸로 십자가에 매달려 죽임을 당했습니다.

도마는 인도에서 전도하다가 이교도 제사장들에 의해 창으로 몸이 관통되어 죽었습니다. 지금도 인도에는 성 도마 교회가 있으며, 그 교회 안에는 도마의 손가락이 썩지 않고 남아 있다고 합니다.

마태는 파티아와 에디오피아에서 사역을 하였고, 에디오피아에서 전도하다가 박해받았으며 A.D. 60년 나다바에서 미늘창으로 목 베임을 당했습니다.

시몬은 아프리카 마우리타니아Mauritania에서 복음을 전파했으며, 영국에서도 선교했습니다. A.D. 74년에 영국에서 십자가 처형을 당했습니다.

야고보의 형제이며 알패오의 아들 다대오는 페르시아에 가서 전도하다가 활에 맞아 죽었습니다. 또 가룟 유다 대신 들어온 제자 맛디아는 에티오피아에서 전도하다가 돌팔매질을 당하였으며 후에 참수형을 당하여 순교했습니다.

마가는 알렉산드리아에서 전도하다가 군중들에게 사로잡혀 그들의 우상인 세라피스를 기리는 종교 의식 때 순교를 당했습니다. 길바닥에 끌려서 몸이 찢기는 무자비한 처형 방법으로 죽었습니다. 그는 죽을 때까지 기도했다고 합니다.

또한 누가는 바울과 함께 많은 나라에서 복음을 전하다가 그리스에서 이교도 제사장들에 의해 올리브 나무에 목 매달려 죽었습니다.

예수님의 형제인 야고보는 예루살렘 교회의 감독이었습니다. 94세 때 그는 유대인들에게 구타당하고 돌로 맞았습니다. 결국 뇌에 손상을 입어 순교했습니다. 또한 바나바는 A.D. 73년경에 돌로 맞아 순교했습니다.

요한은 주님이 십자가 상에서 부탁하신대로 예수님의 모친 마리아를 끝까지 모시고 살았습니다. 유대에서 전도하다가 예루살렘이 A.D. 70년 로마에게 멸망된 후, 소아시아 에베소에서 전도하다가 로마로 강제송환 되어 끓는 기름 솥에 넣어졌지만 기적적으로 튀어 나오게 되었습니다. 그를 박해했던 무리가 놀라 지중해에 있는 밧모 섬으로 귀양을 보냈습니다. 그곳에서 그는 계시록을 받아 쓴 후, 수명을 다하고 죽었습니다. 제자 중에 가장 어리기도 했지만, 마지막에 하늘나라로 갔습니다. 그는 또한 유일하게 참혹한 죽음을 피한 제자입니다.

사도 바울은 네로의 박해로 순교했습니다. 네로는 바울을 처형하기 위해 두 명의 병사 네레가^{Nerega}와 파테미우스^{Parthemius}를 보냈다고 합니다. 그들은 사람들에게 이 사실을 알리고, 바울이 자신들을 위해 기도해 주기를 원했습니다. 또한 자신들은 그리스도를 믿고 예수님의 무덤가에서 세례를 받을 것이라고 말했습니다. 이 일이 있은 후 병사들은 바울을 마을 밖 사형집행 장소로 끌고 갔으며, 그곳에서 바울은 기도를 마치고 칼에 목이 베여 순교했습니다.

스데반은 복음을 전하다 유대인들에 의해 예루살렘 성 밖에서 돌로 맞아 죽었습니다. 예수께서 죽으시고 부활하셨던 이듬해 오순절 즈음으로 추정되고 있습니다. 그리스도인으로 첫 순교였습니다. 이 사건 이후, 그리스도를 메시아로 고백하는 사람들에게 큰 박해가 가해졌습니다. 그 사실은 사도행전에서 "그 날에 예루살렘에 있는 교회에 큰 박해가 있어 사도외에는 다 유대와 사마리아 모든 땅으로 흩어지니라" (행 8:1)고 누가가 기록한 것을 보면 알 수 있습니다.

여기에 기록한 많은 분들은 예수님으로 인하여 삶의 목표와 내용이 바뀌어 생명까지 바친 예수의 사람들입니다. 어떤 박해가 와도 예수의 복음을 포기하지 않은 이유는 거기에 '희망'이 있기 때문입니다. 어떤 상황에서도 희망은 다시 일어설 수 있는 힘입니다.

"무릇 하나님께로부터 난 자마다 세상을 이기느니라 세상을 이기는 승리는 이것이니 우리의 믿음이니라" (요한일서 5장 4절)

감사 묵상

경기도 용인에 가면 '한국기독교 순교자 기념관'이 있습니다.

이 기념관 3층에 올라가면, 한국에서 순교한 외국인 선교사와 한국교회의 순교자들 사진이 걸려 있습니다. 그런데 순교자 사진 마지막에는 사진박스는 있는데 사진은 없습니다. 대신 거울이 있습니다.

그 거울에는 누가 들어가 있을까요? 그 거울에는 바로 '나'가 들어 있습니다.

이제는 내가 순교할 차례인 것입니다.

나의 감사

하나님이
나의 전부였습니다

"사형선고를 받았을 때 저는 기독교를 부인할 수 있는 삼일간의
시간이 있었습니다. 그러나 꿈쩍도 하지 않았습니다.
제가 가진 유일한 무기는 바로 하나님께 대한 믿음이었습니다."

기독교로 개종했다는 이유로 사형선고까지 받았던 수단 여성 '메리암 이브라힘'을 소개합니다. 하나님의 은혜로 미국으로 망명해 TV 방송에 출연했을때 "어떻게 죽음의 위기 속에서 살아날 수 있었습니까?" 라고 사회자가 묻자, "하나님을 향한 믿음 하나 때문에 절망의 자리에서, 죽음의 자리에서 구원을 받았습니다." 라고 대답했습니다.

이슬람교도 가정에서 태어난 그녀는 예수를 믿는 남편과 만나 결혼하게 되어 기독교로 개종을 했는데, 태형 100대와 곤장 100대를 맞는 형벌과 함께 사형선고를 받았습니다. 그런데 이미 임신 8개월째여서 사형집행이 아이 낳을 때까지 보류되었습니다. 제발 아이를 밖에서, 병원에서 낳게 해달라고 간청했으나 발에 쇠사슬이 채워진 채 감옥 안에서 아이를 낳았습니다.

그 후 사형을 집행하려고 할 때 전 세계 여론이 "신앙의 자유 때문에 죽임을 당할 수는 없다."고 들고 일어났습니다. 당황한 수단 정부는 이 여인을 다시 이슬람으로 개종시키려고 무슬림 학자들을 들여보내 설득을 시도했습니다. 그러나 그녀는 귀를 기울이지 않았습니다. 결국 수단 정부는 그녀를 풀어주었으며, 이탈리아를 거쳐 미국으로 망명할 수 있게 되었습니다.

이 여인은 아프리카 여성과 어린이, 그리고 핍박받는 이들을 돕는 사역을 펼쳐나가고 있습니다. 이런 고백을 했습니다.

"사형선고를 받았을 때 저는 기독교를 부인할 수 있는 삼 일간의 시간이 있었습니다. 그러나 꿈쩍도 하지 않았습니다. 저는 하나님을 신뢰했습니다. 무슬림 학자들과의 대립 속에서 제가 가진 유일한 무기는 바로 하나님께 대한 믿음이었습니다. 이것이 제가 가진 전부였습니다."

"만군의 야훼가 이같이 말하노라 보라, 내가 내 백성을 해가 뜨는 땅과 해가 지는 땅에서 부터 구원하여 내고 인도하여다가 예루살렘 가운데 거주하게 하리니 그들은 내 백성이 되고 나는 진리와 공의로 그들의 하나님이 되리라"(스가랴 8장 7-8절)

감사 묵상

"유토피아" Utopia의 저자인 토마스 모어 Thomas More는 예수를 믿는다는 이유로 교수형에 처해졌습니다. 그는 마지막으로 이런 말을 했습니다.

"성경의 사도행전에는 스데반이 죽을 때에 사울은 이를 합당히 여기고 죽이는 일에 가담했습니다. 다시 말해 사울이 스데반을 죽인 것입니다. 그런데도 스데반은 끝까지 천사의 얼굴을 하고 죽이는 자를 위하여 기도를 하고 하나님 앞에 간절히 용서를 구했습니다. 마침내 그 사울이 변하여 사도바울이 되었고 그도 순교하게 되었습니다. 나는 하나님 나라에서 그들과 만나 같은 순교자끼리 친구가 되고 영원한 기쁨과 행복을 누릴 것을 믿습니다. 오늘 내가 당신들의 손에 죽지만 언젠가 당신들도 회개하여 주님 앞에서 친구로 만나 영원한 행복을 누릴 것을 믿고 기도합니다."

나의 감사

랜디 포시의
'마지막 강의'

"감사의 마음을 표시하는 것은 인간들이 서로에게 할 수 있는
가장 간단하면서도 강력한 행위 중 하나입니다.
내가 쓴 감사편지가 누군가의 우편함에 도착한 후 어떠한 마술이 벌어질지,
그것 역시 모르는 일입니다."

미국의 유명한 카네기 멜론 대학교의 컴퓨터 공학부 교수인 랜디 포시Randy Pausch의 '마지막 강의'를 기억할 것입니다. 그는 2007년 마지막 강의를 한 후, 2008년 7월 25일 3살과 6살 난 아들과 18개월 된 딸을 남겨두고 47세로 세상을 떠났습니다.

한창 대학 교수로 인정받고 이름을 날리고 있을 때, 몸이 편찮아서 병원에 가서 진찰을 받았습니다. "당신은 췌장암 말기인데 짧게는 석 달, 많이 살면 육 개월 정도 살 수 있습니다."라고 하는 시한부 인생의 통보를 받습니다.

만일 여러분이 병원에 가서 검진을 받았는데, "당신의 삶은 앞으로 육 개월밖에 남지 않았다."는 시한부 선고를 받으면 어떻겠습니까? 남은 짧은 인생을 어떻게 살겠습니까?

그는 죽음을 눈앞에 두고도 낙심하거나 절망하지 않았습니다. 긍정적인 삶을 살았습니다. 사람들에게 꿈과 희망을 주었습니다. 학교 당국에서 그에게 강의를 부탁했습니다. "당신이 암과 투쟁하고 있는 것을 알지만 학생들에게 강의를 통해, 마지막 하고픈 이야기를 전해주시오."

처음에는 그의 아내가 "강의 준비하다가 병이 더 악화되면 어떻게 합니까? 남은 기간 아이들과 함께 편하게 지냅시다." 하면서 반대했습니다.

"어느 날 아이들이 아빠를 기억할 때, 마지막 순간까지 교수로서 최선을 다해 강의하는 모습을 보여주고 싶어요. 꿈을, 희망을 아이들에게 심어주는 것이 내 소원이오."

그의 아내가 남편의 뜻에 동의하여 마지막 강의를 하게 되었습니다. 전국에서 찾아온 친구와 친척, 학생 등 400여명이 모인 가운데 2007년 9월 18일 '마지막 강의'를 합니다. 유머로 사람들에게 웃음도 선사하고, 강의 도중에 자기 췌장에 있는 열 개의 암 종양들을 보여주기도 하며 강의했습니다.

"내가 이런 암을 갖고 있지만 나는 죽음을 두려워하지 않는다."고 하면서…. 이 강의를 듣는 모든 교수와 학생들은 눈물을 흘리며 큰 감동을 받았습니다. 이 마지막 강의의 동영상이 유튜브Youtube에 올라 지금까지 1,750만 명이 넘는 사람들이 보았습니다.

랜디 포시 교수는 '마지막 강의'에서 이렇게 말했습니다.

"감사의 마음을 표시하는 것은 인간들이 서로에게 할 수 있는 가장 간단하면서도 강력한 행위 중 하나입니다. 능률을 최우선으로 여기는 나 같은 사람도 감사편지는 종이에 펜으로 쓰는 옛날식이 가장 멋지다고 생각합니다. … 지금 내 인생에서 벌어지고 있는 모든 일들과 나의 의학적 상황에도 불구하고, 나는 필요하다고 생각되면 언제나 손으로 직접 감사편지를 쓰려고 노력합니다. 기분 좋은 일이 아닐 수 없습니다. 또 내가 쓴 감사편지가 누군가의 우편함에 도착한 후 어떠한 마술이 벌어질지, 그것 역시 모르는 일입니다."

"너는 두려워하지 말라 내가 너를 구속하였고 내가 너를 지명하여 불렀나니 너는 내 것이라"
(이사야 43장 1절)

감사 묵상

콘스탄티노플의 대감독이었던 나지안주스의 그레고리Gregory of Nazianzus는 이렇게 말했습니다.

■ 예수님은 굶주리며 사역을 시작하셨지만, 생명의 떡이 되셨습니다.

■ 예수님은 목마름으로 지상 사역을 마치셨지만, 생수가 되셨습니다.

■ 예수님은 지치셨지만, 우리의 안식이 되십니다.

■ 예수님은 우셨지만, 우리의 눈물을 닦아주십니다.

■ 예수님은 은 삼십에 팔리셨지만, 온 세상을 구속하셨습니다.

■ 예수님은 어린 양처럼 도살장에 끌려가셨지만, 그분은 선한 목자이십니다.

■ 예수님은 죽으셨지만, 부활하심으로 사망 권세를 멸하셨습니다.

나의 감사

밀알선교회
이재서 박사

실명은 한편으로는 아픔과 눈물을 가져다주었으나,
또 한편으로는 하나님의 큰 복을 받는 기회가 되었습니다.
저는 그래서 '의미 없는 고난은 없다'고 믿습니다.

열다섯 살 먹은 한 소년이 있습니다. 어느 날 심하게 열병을 앓은 뒤, 그 후유증으로 점점 시력을 잃어 갔습니다. 결국 열여섯 살이 되었을 때 소년은 앞을 전혀 보지 못하는 시각장애인이 되고 말았습니다.

하늘이 무너지는 듯한 절망이 소년의 앞을 가로막았지요. 소년은 그 나이가 될 때까지 한 번도 보지 못하는 날이 올 줄 상상조차 하지 않은 채 살아오다가, 인생에서 어느 때보다 큰 꿈과 희망을 품고 살아야 할 때에 모든 것이 끝나버릴 것 같은 캄캄한 어둠에 빠져버린 셈이었습니다. 차라리 태어날 때부터 보지 않았더라면 그렇게 절망이 커 보이지는 않았겠지요.

소년은 인생을 포기하고 몇 차례 자살을 시도했습니다. 그러나 죽기조차 마음대로 되지 않았고, 소년은 어떤 힘에 의해서인지 살아나고, 또 살아났습니다.

서울로 이사 와서 시각장애인을 위한 특수학교에 들어간 뒤 소년은 비로소 하나님에 대해 알아가기 시작했습니다. 이 학교가 기독교 재단이었기 때문입니다. 그러다가 1973년 여의도에서 빌리 그래함 전도집회가 열릴 때 소년은 그 자리에 있었고, 하나님은 이 가여운 소년의 손을 잡아주었습니다. 소년은 그날의 감격을 잊지 못했습니다.

"우연히 참석한 집회였어요. 거기서 놀랍게도 '우주와 나를 창조하신 절대자 하나님'을 인격적으로 만나는 체험을 한 것입니다. 그분을 만난 뒤 나의 모든 고민들은 보잘것없이 작아지고, 내 안에서는 새로운 꿈들이 새싹처럼 움트기 시작했습니다. 그것은 다름 아닌 나 같은 장애인을 위해서 일하고 싶은 꿈이었어요."

소년은 장애인 선교의 꿈을 가지고 총신대학교에 입학합니다. 3학년 때 장애인 선교단체를 만들고, 미국 유학길에 올라 학사, 석사, 박사 학위까지 마칩니다. 그리고 조국으로 돌아와 자신의 모교인 총신대학교에서 교수로 장애인 선교의 꿈을 펼치고 있습니다. 이분이 바로 밀알선교회를 이끌고 계시는 이재서 교수님입니다.

밀알선교회는 미국의 필라델피아, 워싱턴, 로스앤젤레스, 뉴욕 등 전역에 지부를 두고 있는데, 세계 곳곳에 흩어진 이런 밀알선교회들이 연합하여 1995년에는 '세계밀알연합회'로 탄생합니다. 이 교수님은 그 공로로 2004년에 국민훈장 목련장을 받기도 했습니다.

열여섯 살에 시력을 모두 잃어버린 채 인생을 포기하려고 했던 소년이 어느 날 그야말로 땅 끝에서 붙들어 주시는 주님의 은혜를 체험한 뒤 이처럼 놀라운 주님의 일꾼이 된 것입니다.

이 교수님은 이렇게 고백합니다.

"아무리 생각해도 저는 하나님의 편애를 받은 것 같습니다. 예수님을 만난 이후 모든 일이 순조롭게 풀렸고, 하나님이 모든 것을 준비해 주셨습니다. 장애는 한마디로 저에게 기회인 셈이었습니다. 실명했기 때문에 맹학교에 진학했고, 하나님을 만났고, 유학을 갔으며, 밀알이라는 장애인 선교 모임을 만들었으며, 박사학위도 받고, 모교에서 교수가 됐습니다. 그러므로 실명은 한편으로는 아픔과 눈물을 가져다주었으나, 또 한편으로는 하나님의 큰 복을 받는 기회가 되었습니다. 저는 그래서 '의미 없는 고난은 없다'고 믿습니다. 그 고난을 조금만 인내하고 견디면, 그 고난에 어떤 의미가 있었는지 분명히 알게 될 것입니다."

그러고 보니 우리에게는 자주 '땅 끝'이라고 생각할 시간들이 있게 마련입니다. 하늘이 무너져내리는 듯한 그 막막한 순간에 우리가 기억해야 할 것이 바로 이재서 교수님의 그 말씀이지 싶습니다.

"조금만 인내하고 견디면, 그 고난에 어떤 의미가 있었는지 분명히 알게 될 것"이라는….

그러니 우리가 어디에 있든, 그곳이 비록 땅 끝이라 하더라도, 한 발자국만 더 내디디면 천 길 낭떠러지가 있다 하더라도, 우리가 지금 주님과 함께하고 있음을 기억한다면 바로 지금 이 순간이 우리 인생의 끝이 아니라, 하나님께서 일하시고자 하는 출발점이 될 것입니다. 그러니 포기할 까닭은 어디에도 없습니다. 오히려 우리는 하나님께 이렇게 적극적으로 기도할 수 있습니다.

"고난을 통해 일꾼을 부르시는 주님, 지금 말씀해 주십시오. 제가 듣겠습니다."

"주께서 나의 슬픔이 변하여 내게 춤이 되게 하시며 나의 베옷을 벗기고 기쁨으로 띠 띠우셨나이다" (시편 30편 11절)

고난의 순간에 꼭 기억해야 할 말씀이 로마서 8장 31절입니다.

"그런즉 이 일에 대하여 우리가 무슨 말 하리요 만일 하나님이 우리를 위하시면 누가 우리를 대적하리요."

하나님이 우리 편이신데 감히 누가 우리를 대적할 수가 있겠습니까. 이 세상의 어떤 권세가 하나님을 이길 수 있겠습니까. 만군의 야훼 하나님만 믿고 나아갈 때 기적이 옵니다. 아무리 우리가 미약하고 부족하고 연약하더라도 전폭적으로 주님만 믿고 의지하면 기적은 다가오며, 우리는 끝내 감사의 찬양을 드릴 수 있습니다.

감사 묵상

나의 감사

함께 하시는
하나님 발견

사우스조지아 섬 내륙의 이름 모를 산과 빙하를
서른여섯 시간이나 행군하는 동안에도
우리는 늘 셋이 아니라 넷인 것 같았다.

영국의 전설적인 남극 탐험가 어니스트 섀클턴이라는 분이 있습니다. 이분은 남극에서 배가 파선한 후에 거의 2년 가까이를 극한의 추위와 싸우며 끝내 한 사람도 빠짐없이 28명 모두 본국으로 데려왔습니다. 그래서 탐험가이면서 동시에 리더십을 가진 위대한 지도자의 모델이 된 분입니다.

그는 젊어서 한 상선회사에서 일하다가 영국 해군예비대에 입대하여 남극탐험대의 일원으로 처음 남극을 밟습니다. 그 후 남극탐험대의 대장으로 남극대륙을 밟았고, 이 탐험에서 그의 대원들은 남극에서

156km 떨어진 지점까지 접근한 공로로 기사작위와 로열 빅토리아 훈장을 받기도 합니다. 그리고 문제의 세 번째 탐험을 떠납니다.

1914년 3월입니다. 28명의 대원과 함께 영국을 떠난 섀클턴은 웨들해의 기지에서 남극을 거쳐 맥머도 만까지 남극대륙을 횡단할 계획이었으나 남극에 떠다니는 빙산에 묶여 열 달 동안을 표류하다가 결국 얼음의 압박에 못 이겨 배가 파선하는 위기에 빠집니다. 우여곡절 끝에 섀클턴은 가까스로 남극의 무인도 일리펀트 섬에 도착하지만, 부족한 식량과 영하 70℃를 오르내리는 강추위 속에서 대원들의 인내력은 한계에 도달합니다.

영화 〈히말라야〉에서 엄홍길 대장이 하던 말을 기억하지요? 히말라야의 무서운 눈바람 속에서 죽음의 위기 앞에 설 때 인간은 비로소 자신의 '민낯'을 보게 된다고, 그가 말했습니다. 그 말은 곧 살아나기 위해서 짐승처럼 변해버리는 자신의 모습을 발견한다는 뜻입니다. 엄홍길 대장은 바로 그런 모습을 보고 나서야 인간이 얼마나 나약한 존재인지, 비로소 깨닫게 된다고 합니다. 아마 섀클턴의 대원들도 극한의 땅 남극에 갇혔을 때, 모두 제 나름의 '민낯'을 보게 되었겠지요.

남극의 사우스조지아 섬에 기지가 있었으므로, 섀클턴은 22명을 남겨두고 6명으로 팀을 구성해서 6m밖에 안 되는 작은 구명보트를 타고 1,000km나 떨어진 곳으로 도움을 요청하러 떠납니다. 이 조그만 구명

정 위에서 끝없이 바다와 얼음만 보이는 곳을 헤쳐 갑니다. 20m가 넘는 파도가 몰려올 때도 있었습니다. 그러면 배에 들어온 물을 퍼내느라 기진맥진했습니다. 그렇게 죽음을 각오한 항해 끝에 기적적으로 사우스조지아 섬에 도착합니다. 그런데 또 하나의 문제가 그들을 기다리고 있었습니다. 해안에서 기지까지 가려면 섬 내륙을 35km나 횡단해야 하는데 날씨는 불안정하고 지도조차 없었으며, 무릎까지 푹푹 빠지는 눈길을 걸어야 했습니다.

섀클턴은 대원들 중 세 명은 남기고 세 명만으로 출발하여 서른여섯 시간을 걸어서 간신히 기지에 도착하지만, 기지에는 원했던 선박이 없었습니다. 제1차 세계대전이 일어나 배를 모두 가져가버린 것입니다. 다행히 섀클턴은 칠레 정부로부터 배를 빌릴 수 있었습니다.

우여곡절 끝에 나머지 대원들을 모두 구출하여 돌아오는 데 6개월이 걸렸습니다. 28명의 대원이 남극에서 조난 당한 지 634일, 1년 269일 만에 한 명의 낙오자도 없이 모두 본국에 돌아온 것입니다. 탐험가라면 섀클턴의 이 업적이 얼마나 위대한지를 잘 압니다.

노르웨이 유명한 남극 탐험가 아문센이 이렇게 말했다고 합니다.

"나는 섀클턴이 그처럼 보잘것없는 장비로 그와 같은 일을 해냈다는 사실에 경탄을 금할 수 없다. 만일 내가 섀클턴과 같은 상황이었다면 탐험을 포기하거나 살아 돌아오지 못했을 것이다!"

그런데 우리는 섀클턴이 이처럼 위대한 여정을 할 수 있었던 비결을 놓쳐버리기 십상입니다. 사실 이것이야말로 섀클턴 탐험기의 가장 본질적인 내용인데 말이지요. 그가 남긴 회고록에는 그 비결을 이렇게 설명합니다.

"사우스조지아 섬 내륙의 이름 모를 산과 빙하를 서른여섯 시간이나 행군하는 동안 우리는 늘 셋이 아니라 넷인 것 같았다. 당시엔 대원들에게 그런 얘기를 하지 않았지만, 나중에 선장인 워슬리도 내게 이렇게 말했다. '대장, 산을 넘을 때 왠지 또 다른 누군가가 옆에 있는 듯한 이상한 기분이 들었습니다.' 대원인 크린 역시 같은 생각이었다고 고백했다. 이 시기를 되돌아보며 나는 폭풍이 몰아치는 바다와 빙원에서 하나님이 항상 우리와 함께 했으며 우리를 이끌어주셨다고 확신한다!"

인생의 모든 위기 때마다 많은 그리스도인들이 발견하는 것은, 함께 하시는 하나님입니다. 그러므로 그 순간이야말로 우리에게는 감사의 시간이라 할 수 있는 것이, 그토록 그리워하던 하나님을 만나는 시간이기 때문입니다.

"야훼께서 너를 지켜 모든 환난을 면하게 하시며 또 내 영혼을 지키시리로다" (시편 121편 7절)

감사 묵상

릭 워렌 목사는 〈목적이 이끄는 삶〉에서 이렇게 말합니다.

"다른 우정과 마찬가지로 하나님과의 우정을 키워가기 위해서도 노력이 필요하다. 하나님과 끊임없이 대화하라. 하루 종일 하나님의 말씀을 묵상하라. 기도는 우리가 하나님과 이야기할 수 있게 해 주며, 묵상은 하나님이 우리에게 이야기하실 수 있도록 해준다. 또한 감정을 하나님 앞에 솔직하게 나눠라. 하나님이 무엇을 요청하실 때 믿음으로 순종하라. 하나님이 소중히 여기시는 것을 소중히 여기라."

하나님과의 우정이야말로 감사하는 삶을 위한 전제조건이 아닐 수 없습니다.

나의 감사

병마와 싸우며 체험한
기적의 시작

기도의 응답을 통해서 우리가 발견하는 궁극적 가치는 다름 아닌
하나님에 대한 지식을 더욱 풍성하게 하는, 그것입니다.

얼마 전 예배시간에 어느 부부 집사님을 성도들에게 소개하면서 기쁨을 나눈 적이 있습니다. 박동률·오양선 집사님 부부입니다. 남편 박 집사님은 암 투병에 급성폐렴까지 와서 죽음 일보직전까지 갔다가 하나님의 은혜로 건강을 회복하고 계십니다.

박 집사님은 2013년 전립선암과 임파선암으로 수술을 받았는데, 임파선암은 제거되었으나 전립선암은 항암 치료를 계속해야 했습니다. 문제는 수술 후에 다시 급성폐렴이 온 것입니다.

2015년 8월, 박 집사님은 다시 응급실에 입원했습니다. 체내에 산소

가 급격히 떨어지면서 혼수상태에 빠져버린 것입니다. X-ray 촬영을 해보니 폐가 하얗게 변해 있었습니다. 의사가 집사님의 X-ray필름을 보더니 청천벽력 같은 말을 했습니다.

"2~3일 안에 깨어나지 않으면 가망이 없습니다."

사망선고나 다름없었습니다. 아내 오 집사님은 이제 하나님만 붙들어야겠다는 마음이 생겼고, 교구 담당 목사님과 교구 식구들에게 중보기도를 요청한 뒤 간절히 남편을 위하여 기도하기 시작했습니다. 그렇게 많은 사람들의 간절한 기도 속에 며칠이 흘렀습니다. 박 집사님은 여전히 혼수상태에서 깨어나지 않았습니다.

기적은 며칠이 지난 뒤에야 찾아왔습니다. 먼저 폐가 회복되기 시작했습니다. 의사도 하도 신기했던지 기도하는 아내에게 다급하게 말하더랍니다.

"더 열심히 기도해 보세요. 좋은 일이 있을 것 같네요."

오 집사님은 더욱 간절히 기도했고, 20일이 지난 뒤 박 집사님은 혼수상태에서 깨어났으며, 중환자실에서 일반병실로 옮길 수 있었습니다. 재활치료가 시작되고 회복이 빨랐습니다. 그해 가을, 집사님은 아들의 결혼식에 참석했고, 다시 한 달이 지나 퇴원했습니다.

이것은 기적의 시작에 불과했습니다. 폐렴으로 중단한 항암치료를 계속하기 위해 병원을 찾았는데, 담당 의사로부터 놀라운 이야기를 듣

습니다.

"신기한데요. 암수치가 많이 떨어졌어요."

그 뒤 집사님의 병은 호전되었고, 18층까지 혼자서 계단을 오를 정도로 건강을 회복했습니다.

"죽을 사람이 살았네. 기적이야!"

의사는 놀라면서 더 이상 병원에 올 필요가 없다고 말해주었습니다. 집사님은 여전히 전립선암을 치료하고 있습니다. 그러나 하나님께서 깨끗이 치유해주실 것을 기대하며 믿음의 삶을 살아갑니다.

저는 집사님 부부가 병마와 싸우면서 하나님의 은혜를 체험하고, 오히려 더욱 굳센 믿음의 일꾼이 되어가는 모습을 볼 때 한 가지 깨달은 진리가 있습니다. 그것은 우리 인생의 궁극적인 목적이 하나님을 더욱 잘 알아가는 것, 그 이상도 이하도 아니라는 생각입니다. 우리는 우리가 당하는 많은 문제들과 싸우면서 믿음의 승리를 얻고자 기도합니다. 그러나 기도의 응답을 통해서 우리가 발견하는 궁극적 가치는 다름 아닌 하나님에 대한 지식을 더욱 풍성하게 하는, 그것입니다.

그리고 이것이야말로 가장 큰 은혜이자 복이며, 또 하나님은 이 복을 주시고자 고난의 그림자를 함께 주신다는 사실을 인정합니다. 그러므로 예수 안에 있는 우리에게는 감사할 일만 있을 뿐입니다.

너희는 그 은혜에 의하여 믿음으로 말미암아 구원을 받았으니 이것은 너희에게서 난것이 아니요 하나님의 선물이라 (에베소서 2장 8절)

감사 묵상

최덕신 찬양사역자의 간증집 〈나는 은혜로만 사는 자입니다〉에는, 그가 하나님께 범죄하고 난 후 가정이 깨지는 고난을 겪은 이야기가 실려 있습니다. 괴로움과 눈물의 시간을 보내고 하나님의 은혜로 회복이 되었을 때, 그는 이런 고백을 합니다.

"모든 것이 은혜였습니다. 예전에도, 지금도, 제가 찬양할 수 있는 것은 오로지 예수님의 은혜 때문이었습니다. 그런데 예전에는 그것을 제대로 몰랐습니다. 이제는 은혜가 아니면 설 수 없다는 것을 알게 되었습니다. 날마다 오염되어버리는 나는, 날마다 나를 새롭게 하는 그 은혜가 필요합니다. 그래서 예수님의 보혈의 은혜는 날마다 현재진행형입니다. 그리고 그것만이 오늘도 나를 살게 하는 능력이 됩니다.

'나는 은혜로만 서 있습니다. 은혜로만 삽니다.'

이 말보다 나를 더 잘 표현할 수 있는 말을 찾기 어렵습니다!"

나의 감사

Chapter 03

아름다운 마음에 깃드는 은혜
섬김 · 나눔

달동네 소년이 믿은
'약속'

이러한 성공에도 불구하고, 초심을 잃지 않기 위해서 예배드리는 일을 최우선으로 삼고 있다는 놀라운 이야기입니다. 주일을 지키는 것은 물론이고, 직장에서 매일 아침예배, 점심예배, 목요일은 저녁예배까지 드립니다.

달동네 소년에서 손꼽히는 미용기업 대표로 당당히 서있는 권홍 집사님이 최근에 〈약속〉(아름다운동행 발행)이라는 책을 내셨습니다.

전남 목포 변두리 매우 힘든 환경에서 자라난 소년의 어머니는 몸이 약하셨고, 아버지는 구두수선공이었습니다. 소년은 틱장애가 있어서 늘 애들에게 따돌림 당하고 학교 성적은 바닥이었습니다.

그러던 어느 날 어머니가 뇌졸중으로 쓰러져서 병원에 실려갔는데, 마침 그 병원에 기도실이 있었습니다. 소년은 '기도실'이라는 표시를 보고 무작정 달려 들어가 무릎을 꿇고 처음으로 이런 기도를 드립니다.

"하나님, 우리 엄마 살려주세요. 그렇게만 해주시면 교회에 꼭 나갈게요. 일요일마다 교회 나가고 또 착하게 살게요."

그런데 하나님이 정말 그 기도를 들어주셔서 어머니가 차츰 회복되었고, 그는 기도한 그 '약속'을 지키고자 열심히 신앙생활을 했습니다. 하나님은 그의 기도를 들으시고, 그의 앞길에 열린 문의 복을 주셨습니다.

비록 대학에 진학하지는 못했지만, 미용 방향으로 길을 인도하시고 일본과 영국에서의 유학을 통해 앞선 미용기술을 배워 한국에 돌아오게 만들어주셨습니다.

귀국 후에 '권홍아카데미'를 세워 선진 미용기술을 가르치자, 전국의 미용사들이 와서 교육을 받고 현재 전국 50여 곳의 헤어숍 가맹점과 4대 도시에 미용아카데미를 설립 운영하고 있습니다.

이러한 성공에도 불구하고, 초심을 잃지 않기 위해서 예배드리는 일을 최우선으로 삼고 있다는 놀라운 이야기입니다. 주일을 지키는 것은 물론이고, 직장에서 매일 아침예배, 점심예배, 목요일은 저녁예배까지 드립니다.

직원들과 함께 드리기도 하지만, 혼자라도 하루 최소 세 번 이상의 예배를 드리고 있답니다.

그리고 그 회사의 목표가 '전 세계에 복음을 전하는 것'입니다. 국내에서는 다문화가정 아이들, 탈북자들에게 미용기술을 무료로 가르치고, 선교사 입국이 어려운 해외 공산국가와 이슬람 국가에 미용아카데미를 설립하여 선교사역을 지원하고 있습니다.

권홍 원장은 기도와 하나님 제일주의의 삶을 모도로 삼고 살아가고 있으며, 이와 같은 고백도 합니다.

"저는 '제가 기도하지 않으면 차라리 회사를 망하게 해주십시오.'라고 기도합니다. 그렇기 때문에 기도할 수밖에 없습니다. 하나님은 우리 마음의 중심을 보시는 분이잖아요. 그런 하나님을 생각하면 어찌한 순간을 헛되이 보낼 수 있겠습니까. 늘 돈과 명예와 권력의 노예가 되어 살고 있지는 않은지 순간순간 점검하며 살아갈 수밖에 없습니다.

비록 죄를 지으면서 살 수밖에 없는 연약한 존재이지만, 그럼에도 하나님의 자녀로 합당한 삶을 살고자 나 자신을 쳐서 복종시키는 삶이기에, 매일 매 순간 무릎을 꿇을 뿐입니다."

"오직 성령이 너희에게 임하시면 너희가 권능을 받고 예루살렘과 온 유대와 사마리아와 땅 끝까지 이르러 내 증인이 되리라 하시니라" (사도행전 1장 8절)

감사 묵상

미국 토랜스에 거주하시는 박선 권사님이 얼마전 이화대학교에 60만 달러를 장학금으로 기부하셨습니다. 제3세계 여성리더로 키울 재목들을 데려다가 교육시켜달라는 조건을 붙이고 말입니다.

지금 많은 한국 선교사들이 세계 여러나라들로 들어가 열심히 사역하고 있는데, 그분들이 사람을 키워놓지 않으면 그 사역이 이어지기 어렵고 또 그 나라의 미래를 위해 사람 키우는 일이 매우 중요하다고 생각했기 때문이랍니다.

그 권사님 말씀이, 재정이 넉넉해서 이웃을 돕는 것이 아니라 받은 은혜가 커서 하나님께 감사하는 마음으로 장학사업을 시작했다고 하십니다. 한 사람이 이룰 수 없는 일도 여러 사람이 조금씩 힘을 보태서 도와가면 큰 일을 이룰 수 있다고 말씀 하십니다.

하나님의 사랑에 감격하는 사람은 다른 사람을 감동시키는 감사의 샘을 가지고 있습니다.

나의 감사

사역으로
이끄심의 은혜

'내가 잘 되기를 바라고 내게 관심을 가지고 있는 신'이 정말 존재할까요? 나는 그 생각에 빠져들었고, 이 모든 것이 무엇을 의미하는지 알아보기로 마음먹었습니다!"

극한 절망 속에 있을 때는 '과연 하나님이 살아 계신가?', '나는 버림받은 존재인가?' 하는 생각이 들기도 합니다. 하지만 분명한 것은 하나님은 그때에도 우리 곁에 계시다는 사실입니다.

선교단체 프론티어스의 설립자인 그렉 리빙스턴은 태어나면서 버림받은 존재였습니다. 1940년 하버드대학 출신의 한 청년과 술집 댄서 사이에서 하룻밤 사랑으로 태어나 다섯 곳의 위탁가정을 전전하며 자랐습니다.

열여섯 살 되던 해에 선배 여학생에게 반해 토요일 밤에 극장에 가

자고 데이트 신청을 했는데 일요일 아침 극장에서 만나자는 답변이 왔더랍니다. 부푼 마음으로 극장에 가보니 그곳은 주일에만 영화관을 빌려 예배드리는 교회였습니다.

여자 친구에 이끌려 간 그곳에서 그렉은 하나님의 말씀을 접하게 되었고, 말씀을 통해 예수님을 만났습니다. 버림받은 존재로, 한 번도 타인에게 사랑을 받아보지 못했다는 결핍이 있었는데, 하나님이 자기를 사랑하여 외아들인 예수를 십자가에 달려 죽게 하셨다니…. 그 말씀이 감동으로 마음에 꽂혀 기독교 학교인 위튼 대학에 진학했습니다. 또 시카고에 있는 무디 바이블 인스티튜트의 철야기도회에 참석해서 기도 중에 무슬림 선교에 대한 비전을 듣게 되었습니다.

버림받은 인생인 줄 알았던 그에게 말씀으로 다가와 만나주신 하나님을 경험한 그 순간을 그렉 목사님은 이렇게 기억합니다.

"그때 목사님은 설교에서 '창조주가 자발적으로 자기 생명을 희생 제물로 내려놓았다'고, 그것도 '나'를 위해 그랬다고 말씀하셨습니다. 그 누구도 나를 위해 그런 일을 해준 적이 없었습니다. '내가 잘 되기를 바라고 내게 관심을 가지고 있는 신'이 정말 존재할까요? 나는 그 생각에 빠져들었고, 이 모든 것이 무엇을 의미하는지 알아보기로 마음먹었습니다!"

이것이 바로 하나님의 은혜요, 그분의 이끄심입니다.

그때로부터 중동 선교, 무슬림 선교를 꿈꾸고 50년 동안 27곳을 다니며 무슬림 선교에 몰두하고 있습니다. 1982년에는 국제 프론티어스 선교회를 설립했습니다. 하나님께서는 이 선교회를 통해 아프리카와 아시아 50여 개 나라에 1300여 명의 선교사를 보내고, 120개 이상의 토착 교회를 세웠습니다. 초기 OEM 선교회의 토대를 다지는데도 귀하게 쓰임을 받았습니다.

고령임에도 불구하고 지금도 열심히 무슬림 사역을 하고 계신 귀한 선교사님으로, 버림받은 인생에서 쓰임 받은 인생으로 바뀐 대표적인 이야기로 회자되고 있습니다.

"너희는 이 세대를 본받지 말고 오직 마음을 새롭게 함으로 변화를 받아 하나님의 선하시고 기뻐하시고 온전하신 뜻이 무엇인지 분별하도록 하라" (로마서 12장 2절)

1968년 6월 4일 마틴 루터 킹 목사님이 조지아 주 애틀랜타 에벤에셀 침례교회에서 마지막 설교를 했습니다.

"그리스도인들이 으뜸이 되려면 예수님처럼 살면 됩니다. 그분은 힘으로 으뜸이 되지 않으셨습니다. 섬기는 종으로 오셨고, 섬기며 살았고, 죽으시면서 섬김을 완성하셨습니다. 섬기는 자가 으뜸이 됩니다. 종으로 살면 최고가 됩니다. 섬기는 데는 학위나 언변에 능함이 필요 없습니다. 종이 되는데 지위나 지식이 필요 없습니다. 섬기면 누구나 으뜸이 될 수 있습니다. 예수 그리스도처럼 섬김의 자리로 나아갑시다."

우리는 늘 대접 받기만을 좋아합니다. 그러나 우리 그리스도인은 낮아져야 합니다. 섬겨야 합니다. 베풀어야 합니다. 이것이 감사하는 그리스도인의 모습입니다.

나의 감사

소풍같은 삶을
살다간 사람

'이 세상에 살 때 가장 가치 있는 일'은 '하나님을 더 깊이 알아가는 것'과
'그 하나님을 다른 사람들에게 알리는 것' 입니다.

아프리카 말리에서 사역하던 중 지난 6월 불의의 사고로 하늘나라로 간 권지상 선교사의 유서 한 장이 생각납니다.

권 선교사는 아내 정민경 선교사와 함께 99%가 무슬림인 소수민족 '보조족'의 복음화를 위해 섬기던 중 언제 죽을지 모를 생명의 위협을 늘 감지하고 있었기 때문에 미리 유서를 써놓고 살았다고 합니다. 말리는 오랜 종족갈등으로 내전이 일어나 여행 금지구역으로 구분된 곳이기도 합니다. 서른다섯 살의 젊은 나이에 삶을 마감하여 4년이란 짧은 선교사역 기간이 아쉽지만, 그가 남긴 유서는 큰 깨달음을 줍니다.

"제가 선교지에서 만약 순교하게 된다면, 개인적으로 무척 영광스러울 것 같습니다. 저를 아끼는 많은 분들께서는 저의 죽음으로 인해 인간적으로는 잠시 같이 있지 못해 슬프지만, 천국에서 큰 상급을 받고 있을 저를 생각하면서 기쁨으로 장례해주셨으면 합니다.

저는 각막과 장기 기증을 해 놓은 상태입니다. 선교지에서 가능하다면 선교지 사람들을 위해 시신이 쓰여졌으면 좋겠고, 가능하지 않다면 화장해주시면 좋겠습니다.

자녀들과 사랑하는 사람들에게 하고 싶은 말은 이것입니다.

'이 세상에 살 때 가장 가치 있는 일'은 '하나님을 더 깊이 알아가는 것'과 '그 하나님을 다른 사람들에게 알리는 것' 입니다.

사랑하고 축복하며 '소풍과 같은 삶'을 잘 마무리하여 '천국'에서 뵙길 기대합니다."

권 선교사는 우리의 삶을 '소풍'이라고 표현했습니다. '소풍'은 어린 시절 우리를 들뜨게 하는 기쁨이었습니다. 이 세상에 살 때, 권 선교사의 유서처럼 이렇게 '소풍' 나온 것처럼 살다가 어느 날 세상을 떠나게 되면 모든 것 다 놓고 주님 앞에 서게 되는 것이 우리 인생입니다. 그때 우리가 부끄러움 없이 주님을 맞이할 수 있도록 살아야겠습니다.

"지혜 있는 자는 궁창의 빛과 같이 빛날 것이요 많은 사람을 옳은 데로 돌아오게 한 자는 별과 같이 영원토록 빛나리라"(다니엘 12장 3절)

"우리는 주의 백성이요 주의 목장의 양이니 우리는 영원히 주께 감사하며 주의 영예를 대대에 전하리이다"(시편 79편 13절)

이슬람권에서 선교하는 이시온 선교사님이 이런 고백을 했어요.

"제게 천 개의 심장이 있어 밤마다 그 심장을 터트려야 한다면 주님이 사랑하시는 이들을 위해 그렇게 하겠습니다. 사랑하는 주님, 이 땅을 보면 내일이 없어 보이지만, 눈을 들어 주님을 보면 미래가 보입니다.

이 땅을 보면 눈물만 보이지만, 눈을 들어 주님을 보면 미소가 생깁니다. 이 땅을 보면 절망으로 가득하지만, 눈을 들어 주님을 보면 살아야 할 힘이 생깁니다.

주님을 경외하니 주님께서 주신 한량없는 은혜를 헤아릴 길이 없습니다."

나의 감사

양화진 묘원에 묻힌
외국인 선교사들

제가 씨앗이 되어 이 땅에 묻히면 조선 땅에는 많은 꽃들이 피고 그들도 여러 나라에서 씨앗이 될 것입니다. 저는 이 땅에 저의 심장을 묻겠습니다.

오늘날 한국이 이렇게 선교대국이 된 것은 130여 년 전에 이 땅에 복음을 전한 많은 선교사들의 순종과 헌신이 있었기 때문입니다.

서울 마포구 합정동에 가면 양화진 외국인 선교사 묘원이 있습니다. 그곳에는 10개국 395명의 선교사와 그 가족들의 묘가 있습니다. 하나님이 가라 하시니 조선이 어디인지도 모르고 이 땅까지 와서 그 삶을 하나님께 드린 것입니다.

기록을 보면, 아이를 낳았지만 먹을 것이 없어 산모는 영양실조에 시달려야 했고 젖이 나오지 않아서 아이가 죽어갔습니다. 풍토병에 죽어간 무명의 선교사님들, 자신의 병든 아이를 돌보는 대신 가난에 울부짖는 백성을 향해 복음을 전하고 돌아오니 아이가 죽어있는 선교사님도 계셨습니다. 이런 순교적인 희생이 있었기 때문에 한국에 놀라운 기독교의 부흥이 다가온 것입니다.

"이보다 더 큰 사랑이 없나니"라는 책에는 양화진에 묻혀있는 선교사님들의 이야기가 소개되어 있습니다.

양화진에 첫 번째로 묻힌 사람이 바로 존 헤론 John W. Heron 선교사님입니다. 미국 테네시종합대학교의 의과대학에서 개교 이래 최우수 성적으로 졸업한 뛰어난 인재였는데, 어느 부흥회에 참석했다가 주님의 음성을 들었습니다.

"이제 준비가 다 되었으니 땅 끝으로 가라. 땅 끝으로 가라."

어느 날 선교보고를 담은 잡지에서 조선인 이수정의 편지를 보게 되었습니다.

"미국 사람들이여! 조선에 선교사를 보내주시오! 조선 백성들은 아직도 문명의 밝은 세계를 모르고 암흑 세상에서 깊은 잠에 빠진 불쌍한 사람들입니다."

그는 1885년 6월 21일 제물포항에 도착합니다. 그리고 최초의 서양식 병원인 광혜원의 제2대 원장이 되어 병들고 가난하고 헐벗은 많은 사람들을 섬겼습니다. 진료가방을 들고 온 지역을 다니며 병을 고치고 복음을 전했습니다. 그러다가 너무 과로해 그만 병에 들고 말았습니다. 1890년 7월 26일, 한국에 들어 온지 5년 만에 이질에 걸려 34살의 젊은 나이로 아내와 어린 두 딸을 남겨두고 주님 품에 안깁니다. 그는 떨리는 목소리로 이런 말을 남기고 세상을 떠났습니다.

"한국과 한국 사람들을 더 뜨겁게 더… 더… 사랑하고 싶소. 나를 사랑해 주고 도와준 친구들 감사합니다. 여러분, 예수님을 믿으십시오. 예수님은 여러분을 사랑하십니다."

이 책에는 양화진에 묻힌 선교사들을 이렇게 소개하고 있습니다.

"선교와 관련된 이가 145명 가운데 '선교사가 90명'(남 36명, 여 54명), '가족 55명'이다. '어릴 때 묻힌 자녀들'(45명)이 적지 않고, '여 선교사'가 남 선교사보다 더 많이 묻혀 있다는 사실이 눈길을 끈다. 이 같은 사실에서 기후와 풍토가 맞지 않아서 외지에서의 선교 사역이 여성과 어린이들에게 얼마나 어려운 일이었는지를 미루어 짐작할 수 있다."

이들 선교사님들의 비문 몇 가지를 소개합니다.

"나는 웨스트민스터사원보다 한국 땅에 묻히기를 원하노라." (H. B. 헐버트)

"만일 내가 줄 수 있는 천 개의 생명이 있다면, 모두 조선을 위해 바치리라." (R. R. 캔드릭)

"나는 한국에 나의 뼈를 묻을 각오로 온 사람이었습니다." (G.H. 루)

"친구를 위하여 자기 목숨을 버리면 이보다 더 큰 사랑이 없느니라." (A. K. 젠슨)

"나는 섬김을 받으러 온 것이 아니라 섬기러 왔습니다." (A. R. 아펜젤러)

루비 캔드릭 선교사는 텍사스의 한 선교단체에서 후원을 받아 한국에 왔습니다. 그의 어머니는 한국에 가면 목숨이 위험하다더라며 울면서 말리셨다고 합니다. 그런데 그가 한국에 와서 1년여 헌신하던 중 급성 맹장염에 걸려 25세의 젊은 나이로 세상을 떠났습니다. 그는 죽기 전에 부모에게 편지를 남겼습니다.

"아버지, 어머니! 어쩌면 이 편지가 마지막일 수도 있습니다. 제가 이곳에 오기 전 뒤뜰에 심었던 한 알의 씨앗이 자라서 이제 내년이면 온 동네가 꽃으로 가득하겠지요? 그리고 또 다른 씨앗을 만들어 내겠지요? 저는 이곳에서 작은 씨앗이 되기로 결심했습니다. 제가 씨앗이 되어 이 땅에 묻히면 조선 땅에는 많은 꽃들이 피고 그들도 여러 나라에서 씨앗이 될 것입니다. 저는 이 땅에 저의 심장을 묻겠습니다. 저는 조선을 향한 저의 열정이 아니라, 조선을 향한 하나님의 열정을 알게 되었습니다. 어머니, 아버지! 사랑합니다."

그는 또 죽기 전에 이런 말을 남겼습니다.

"만일 내가 죽거든 텍사스 선교본부에 연락을 해서 청년들 열 명, 스무 명, 수십 명이 나를 대신하여 이 한국에 오게 하라."

그의 마지막 유언을 듣고 그 자리에서 20명 청년들이 선교사로 자원했다고 합니다.

무엇이 진정 그리스도인의 삶인 것입니까? 무엇이 진정 하나님의 은혜에 감사하는 삶인 것입니까?

"내가 진실로 진실로 너희에게 이르노니 한 알의 밀이 땅에 떨어져 죽지 아니하면 한 알 그대로 있고 죽으면 많은 열매를 맺느니라" (요한복음 12장 24절)

한병선 작가가 "이름 없는 선교사들의 마을, 블랙 마운틴을 찾아서"라는 책을 썼습니다. 미국 노스캐롤라이나 주의 애팔레치아 산맥 끝자락에 있는 산골마을 블랙 마운틴에는 한국에서 선교하다 은퇴한 선교사님들이 살고 있습니다. 한 때는 40여명까지 살고 계셨는데 지금은 20여명이 남았습니다. 한 작가는 이렇게 고백합니다.

"그들은 '은퇴하지 않은' 은퇴 선교사들이었습니다. 이름 없이 한국에서 사역했던 그들은 지금도 이름 없이 세상을 변화시키고 있었습니다.

대구와 경주를 오가며 난민과 고아들을 위해 사역한 '마리엘라 선교사님'은 90살의 나이에도 불구하고 아프리카 말라위에 보낼 이불을 만들기 위해 재봉틀을 돌리고 있었습니다. 평양신학교를 세운 '사무엘 A 마펫(마포삼열)선교사의 아들 찰스 모펫과 그의 부인 아일린 모펫 선교사'는 5천 여 명의 선교사 기록들을 20년 동안이나 정리하고 있었습니다. 그들은 지금도 한국을 잊지 않고 여전히 한국을 위해 기도하고 있습니다."

나의 감사

_____
_____
_____
_____

굿모닝 추장님의 정글 선교

성령님이 제게 원하시는 것은 '저의 능력, 재능, 경험, 기술'이 아니라,
'성령을 100% 신뢰하는 순종'이었습니다.
성령 앞에서 잠잠하며 겸손하면 그분이 행하시는
위대한 일들을 경험하게 됩니다.

남태평양 작은 섬, 바누아투에서 선교사를 하고 계신 원천희 선교사님이 있습니다. "굿모닝 추장님"이라고 하는 책을 내셨습니다.

거기는 지금도 원시적인 생활, 벌거벗은 채로 몸의 몇 부분만 가리고 사는 곳입니다. 그는 뉴질랜드에 어학연수를 갔다가 하나님의 은혜로 신학 공부를 하게 되었는데, 2007년 교회 단기선교팀을 이끌고 떠나게 됩니다.

그런데 주님의 음성을 듣습니다.

"너의 안전지대를 떠나라."

이 음성에 당황하고 있는데, 주의 음성이 또 들려왔습니다.

"너의 삶을 내게로 헌신하라."

그는 저 먼 섬 남태평양의 바누아투라는 곳까지 갑니다. 프로펠러 경비행기를 타고 정글 속으로 가서는, 거기서 또 산속 깊은 곳으로 들어가야 합니다. '노고구'라는 마을에서 복음을 전하다가 깜짝 놀랄 말을 들었습니다.

1894년 호주 선교사님이 이 깊은 밀림 속까지 들어와서 15년 동안 복음을 전하다가, 한센병 환자들이 있다는 소식을 듣고 한국으로 갔다는 것입니다. 더 놀라운 것은 그 밀림 속의 '노고구' 사람들이 한국을 위해 써달라며 활과 책을 만들어 팔아 모두 200파운드(약 2,500만원)를 헌금했다는 이야기 입니다. 그 분이 바로 부산에 와서 '상애원'을 세우고 30년 동안 한센병 환자를 돌본 맥켄지 선교사님입니다.

하나님의 역사는 참으로 놀랍습니다. 그들이 말합니다.

"맥킨지 선교사님이 한국에 가더니, 원 선교사님이 한국에서 노고구로 왔네."

그 누구도 찾지 않는 정글 속의 그 원주민 부족을 위해 호주 선교사님이 15년 사역하고 한국으로 떠났는데, 바로 그곳에 한국 선교사가 찾아 온 것입니다.

원 선교사님은 식수가 없는 그들에게 빗물을 받아 저장할 수 있는 물탱크를 세웠으며, 산기슭에 유치원과 학교와 보건소도 만들었습니다. 그리고 교회를 세웠습니다. 큰 부흥의 역사가 일어나 그 지역 추장들도 변화되어 예수를 믿게 되었습니다. 적대 관계에 있던 주술사와 무당들도 주님께 돌아오는 등 많은 열매를 맺습니다.

선교사님의 고백입니다.

"성령님은 그분의 능력을 믿고 순종했을 때 전혀 예상하지 못한 곳으로 저를 인도하시며, 기대하지 못한 결과를 이끌어 내셨습니다. 성령님이 제게 원하시는 것은 '저의 능력, 재능, 경험, 기술'이 아니라, '성령을 100% 신뢰하는 순종'이었습니다. 성령 앞에서 잠잠하며 겸손하면 그분이 행하시는 위대한 일들을 경험하게 됩니다. 제가 7년간 좌충우돌하면서도 부족 마을 사람들의 마음에 다가갈 수 있었던 것은 온전히 성령님의 인도와 도우심 때문이었습니다. 이 모든 여정 가운데 어려운 순간마다 제 손을 놓지 않으셨던 하나님께 감사를 올립니다!"

"범사에 여러분에게 모본을 보여준 바와 같이 수고하여 약한 사람들을 돕고 또 주 예수께서 친히 말씀하신 바 주는 것이 받는 것보다 복이 있다 하심을 기억하여야 할지니라" (사도행전 20장 35절)

아프리카 선교의 아버지라 불리우는 데이비드 리빙스턴 선교사는, 시편 121편을 부모님 앞에서 큰소리로 읽고 기도하면서 선교지로 떠났다고 합니다.

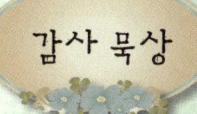

"내가 산을 향하여 눈을 들리라 나의 도움이 어디서 올까 나의 도움은 천지를 지으신 야훼에게서로다 야훼께서 너를 실족하지 아니하게 하시며 너를 지키시는 이가 졸지 아니하시리로다 이스라엘을 지키시는 이는 졸지도 아니하시고 주무시지도 아니하시리로다 야훼는 너를 지키시는 이시라 야훼께서 네 오른쪽에서 네 그늘이 되시나니 낮의 해가 너를 상하게 하지 아니하며 밤의 달도 너를 해치지 아니하리로다 야훼께서 너를 지켜 모든 환난을 면하게 하시며 또 네 영혼을 지키시리로다 야훼께서 너의 출입을 지금부터 영원까지 지키시리로다"

'가시밭길 백합화'
문준경

지금까지 단 한번도 참된 사랑을 느껴보지 못했던 그녀가 예수님의 사랑을 체험하고 이런 고백을 했습니다. "이제 죽어도 여한이 없지만, 내가 받은 예수의 사랑을 다른 사람에게도 전해야겠다." 신안 앞바다의 많은 섬들을 다니며 하나님의 사랑을 전했습니다.

2,200여명이 사는 작은 섬 중도는 주민의 90% 이상이 예수를 믿습니다. 담배 피우는 사람이 없어서 '금연의 섬'으로 불리기도 합니다.

'시루섬'이라고도 불리는 이 작고 고요한 섬 중도가 전국에서 복음화율이 가장 높은 지역이란 것을 아는 사람은 그리 많지 않습니다.

이 특별한 역사적 배경 가운데 문준경이라는 한 여인이 있습니다. 평생 여인으로서 길을 찾아 헤매다 그 자신이 많은 이들의 길이 된 문준경. 그녀가 다닌 중도의 많은 길들이 이제는 복음의 길이 된 셈입니다.

전남 신안군에서 출생한 문준경은 열일곱 꽃다운 나이에 중도로 시집을 왔습니다. 그러나 남편에게는 이미 사랑하는 여인이 있었습니다. 신혼 첫날, 남편으로부터 철저히 외면당했습니다. 남편은 몇 달씩 연락도 없었고 집에 오는 날은 일 년 중 손에 꼽을 정도였습니다. 남편이 없는 시집에서의 생활은 참으로 고됐습니다. 마을 사람들의 수군거림과 시집식구들의 시집살이에도 유일하게 위안이 된 것은 시아버지였습니다. 그토록 배우고 싶었던 글을 가르쳐준 것도 바로 시아버지였습니다. 남편으로부터 외면당한 설움을 문준경은 글을 읽고 쓰면서 달랬습니다. 남편은 아예 소실과 살림을 차려 나가버렸습니다.

세월이 흘러 그녀에게 큰 사랑과 배움을 준 시부모님이 돌아가신 후, 살 길을 찾아서 목포로 나왔습니다. 한 전도부인이 길거리에서 방황하고 있던 그녀에게 복음을 전합니다.

예수를 믿게 된 문준경은 이듬해 6월 세례를 받습니다. 절망에 찼던 한 여인이 예수를 믿고 운명이 바뀌어졌습니다. 너무나 큰 은혜와 사랑을 체험했습니다. 지금까지 단 한번도 참된 사랑을 느껴보지 못했던 그녀가 예수님의 사랑을 체험하고 이런 고백을 했습니다.

"이제 죽어도 여한이 없지만, 내가 받은 예수의 사랑을 다른 사람에게도 전해야겠다."

신안 앞바다의 많은 섬들을 다니며 하나님의 사랑을 전했습니다. 그런데 잔칫집에 가서 음식을 얻어다가 굶주리는 사람들에게 나누어 주었기 때문에 그 별명이 "대리 거지"였습니다. 헐벗은 사람들에게는 옷을 얻어다가 입혔습니다. 장티푸스 전염병이 돌자 가족조차 돌보지 않고 버렸을 때, 이 환자들을 데려다가 극진히 돌보았습니다. 사람들이 위험하다고 말렸으나 그녀는 "어차피 나는 홀몸이니까 죽어도 괜찮다"며 거리낌이 없었습니다. 전염병 환자들이 죽으면 장례식까지 치러준 귀한 사랑의 종이었습니다.

문준경은 성경 지식의 부족함을 느끼고 40세에 경성성서학원에 입학합니다. 학기 중에는 서울에서 신학을 공부하고 방학이면 다시 증도로 내려와 사역했습니다. 방학이 끝나면 문준경의 빈자리를 마을 주민들이 메워 주어 교회는 날로 부흥했습니다.

문 전도사님의 독특한 전도 방법 가운데 하나는 동네 어귀 언덕에 올라가서 찬송을 부르는 것입니다. 그 당시 라디오도 없고 TV도 없고 오락거리도 없는데 누가 노래를 부르니까 노래를 들으려고 사람들이 모였습니다. "예수 사랑하심은" 등 여러 찬송을 불렀습니다. 평생 듣지 못한 노래를 부르니까 사람들이 모여 들면, 가사를 설명해주면서 전도를 했습니다.

신학교를 다니던 1931년부터 6년 동안 임자 진리교회와 증동리 성결교회, 대초리 성결교회 등 3개 교회와 3개 기도처를 세웠습니다. 가는 곳마다 교회를 세우고 큰 부흥의 역사를 일으켰습니다.

이성봉 목사의 보고에 의하면, 한 해에 고무신이 무려 9켤레나 닳도록 동분서주하면서 교회를 세웠다고 했습니다.

나이 60세가 되었을 때, 6·25전쟁이 터지고 공산당은 증동리까지 내려왔습니다. 당시 목포에서 피신 중이던 문준경은 그 사실을 알고도 증동리로 가고자 했습니다. 아들·딸 같은 증동리 성도들을 두고 자신만 목포에 있을 수 없다는 것이었습니다. 모두가 말리는 상황에서도 그녀

는 의연하게 증동리로 갔고, 결국 공산당원들에 의해 '발길 닿는곳마다 예수를 전하는 씨암탉같은 늙은이'이란 죄목으로 체포되었습니다. 그리고 48명의 중동리교회 성도와 함께 집단 순교를 당했습니다.

전도사님은 죽음을 맞으면서 이런 고백을 합니다.

"찬송과 영광을 받으시기 합당하신 주님, 존귀 영광 모든 권세 주님 홀로 받으시고 멸시 천대 십자가는 제가 지고 가오리다. 지금도 살아계신 하나님, 죄 많은 이 영혼을 받으소서."

전도사님의 영향으로 중도 섬의 주민 90%가 예수를 믿게 되었고, 신안군 전체로 퍼져 나가 14개면·1004개의 섬에 100여개의 교회가 세워졌습니다.

특히 전도사님의 전도를 통하여 한국 교회의 지도자들이 많이 나왔습니다. 대학생 선교회의 김준곤 목사님, 성결교의 이만신 원로목사님, 한신대 총장을 역임하신 고재식 박사님, 한국교회치유상담을 맡고 계신 정태기 목사님 등입니다. 또 법관과 기업가 등 100여명의 크리스천 지도자들이 전도를 통하여 믿음으로 낳은 자녀들입니다.

"믿는 사람이 다 함께 있어 모든 물건을 서로 통용하고 또 재산과 소유를 팔아 각 사람의 필요를 따라 나눠 주며"(사도행전 2장 44-45절)

어떤 인생이 참 행복한 삶일까요? 재물이 많으면 행복할까요?

    미국의 제이 구울드Jay Gould는 한평생 아주 큰 부자로 살았지만, 그는 생을 마감하며 "나야말로 세상에서 가장 처참한 천치 바보였구나!" 라는 말을 남겼다고 합니다.

    평생 하나님이 없다고 주장하며 크리스천들을 멸시하고 큰소리치며 살았던 프랑스의 철학자 볼테르Voltaire는 처절한 마지막 말을 남기고 죽었습니다. "나는 차라리 세상에 태어나지 않았더면 좋았을 것을! 나는 지옥에 가는구나!" 라고.

    최고의 권세를 누렸던 프랑스의 나폴레옹 황제가 유배지인 세인트헬레나 섬에서 이렇게 외쳐댔다고 합니다.

    "알렉산더, 시저, 살레망, 그리고 나는 힘으로 대제국을 설립했다. 그러나 그것은 아무것도 아니었구나! 그런데 사랑으로 제국을 세운 예수 그리스도의 깃발은 영원히 온 세상에서 빛나고 있구나!"

나의 감사

'청계천 빈민의 성자'
노무라 모토유키

"그 소녀의 죽음, 그 눈동자는 저에게 숱한 질문을 던지게 했습니다.
'나는 평생 누구를 위해 살 것인가?
어떤 인생이 하나님 앞에서 부끄러움 없는 인생인가'
예수님은 그 소녀를 통해 제게 말씀하셨던 것입니다."

'청계천 빈민의 성자'라 불리는 노무라 모토유키 목사님을 아십니까?

일본인으로 1960-1970년대에 한국의 청계천 판자촌 일대에서 도시 빈민선교를 펼친 특별한 분입니다.

다섯 살 때 아버지를 여의고 친척집에 얹혀살며 외롭게 자랐습니다. 하지만 신실한 기독교인이었던 부모님의 영향을 받아 교회학교에서 신앙의 뿌리를 다졌습니다. 수의과대학교 재학시절에 한국 유학생을 만났는데, 그 한국인과의 교제를 통해 한국에 대한 이해를 새롭게 했습니다. 훗날 미국에 유학을 갔을 때 일본인인 그가 동양인이라고 미국인으로부터 차별을 받았다고 합니다. 그일을 계기로 일본이 한국인을 차별했던 과거를 생각하게 됐고, 회개하는 마음으로 한국인을 돕고자 1968년, 노무라 씨는 한국에 들어왔습니다.

당시 한국은 급격한 산업구조의 변화로 도시의 빈부격차가 아주 심해졌습니다. 그는 청계천의 빈민촌을 방문하게 되었습니다. 악취와 소음·공해에 더하여, 도저히 눈을 뜨고 볼 수 없는 절망에 처한 사람들을 접하게 되었습니다.

1974년 김진홍 목사님의 안내로 청계천 빈민가의 한 집을 방문했을 때의 일입니다. 창문도 하나 없는 캄캄하고 어두운 방에서 "우~" 하는 이상한 소리가 들렸습니다. 문을 열고 들어갔는데 너무나 어두워 아무것도 보이지 않았다고 합니다. 한참 후 보이기 시작하는데, 어린 소녀가 누워서 죽어가고 있었는데 살펴보니 소녀의 옆구리에 난 큰 상처에서 구더기들이 살을 파먹고 있었는데 파리 떼가 날아들어 그 상처에 구더기를 낳은 것입니다. 큰 충격을 받았습니다. "우~" 하는 소리는 파리 떼가 벌떼처럼 달려들어서 그 상처 부위를 뜯어먹는 소리였던 것입니다. 즉시 김진홍 목사님과 함께 그 구더기들을 손으로 잡아낸 후에 상처를 치료해 주었습니다. 하지만 두 달이 못 되어 그 소녀는 죽고 말았습니다.

그때 그는 소녀의 죽음을 보고 이런 고백을 합니다.

"그 소녀의 죽음, 그 눈동자는 저에게 숱한 질문을 던지게 했습니다. '나는 평생 누구를 위해 살 것인가? 어떤 인생이 하나님 앞에서 부끄러움 없는 인생인가?' 예수님은 그 소녀를 통해 제게 말씀하셨던 것입니다. 수십 년이 지났지만 그 소녀의 눈동자를 생각하면 지금도 온몸에 소름이 돋습니다."

그는 소녀가 죽어가며 그 맑은 눈동자로 무언가 호소하는 것 같은 모습을 늘 기억하기로 다짐했습니다.

그리고 한국의 버림받은 자를 위한 친구가 되리라고 결심합니다. 강도나 깡패, 매춘부에게 친구가 되어주고, 예수님의 크신 사랑을 전했습니다.

특히 해외의 여러 나라에서 모금운동을 펼쳐, 1974년부터 1994년까지 20여 년 동안 2천명이 넘는 빈민 아동들에게 무료급식을 제공하는 사역을 감당했습니다.

그는 또 도쿄에 있는 자신의 집을 팔아 청계천에 탁아소를 지었습니다. 간척지로 옮겨간 철거민들을 위해서 뉴질랜드에서 종자 소 600마리를 사오기도 했습니다. 1980년대까지 50여 차례 일본과 한국을 오고 가면서, 송금한 액수만도 7500만 엔, 8억 원이 넘습니다.

그는 산골의 조그마한 교회를 섬기면서 검소한 삶을 삽니다.

노무라 모토유키 목사님은 죽어서도 한국에 뼈를 묻길 원한다는 소원을 남기기도 했습니다. 이런 고백을 했습니다.

"그 죽어가는 소녀의 눈망울을 통해 예수님이 말씀하시고자 하는 게 무엇인지 조금씩 알게 됐습니다. 청계천 빈민들은 하나님께서 저를 위해 보내신 성경 교사들이었습니다. 지옥과 같은 그곳에도 예수님의 십자가가 있고, 희망이 있고, 오순도순 서로 돕고 살아가는 정이 있었습니다. 그곳이야말로 제게는 가장 훌륭한 천국의 모형이었습니다.

앞으로도 한국인을 위해 이 섬김과 나눔을 계속할 것입니다."

"내가 달려갈 길과 주 예수께 받은 사명 곧 하나님의 은혜의 복음을 증언하는 일을 마치려 함에는 나의 생명조차 조금도 귀한 것으로 여기지 아니하노라" (사도행전 20장 24절)

감사 묵상

총신대학교 박용규 교수님의 "세계 부흥 운동사"라는 책에 이런 글이 있습니다.

"정치적, 사회적 개혁이 수반되지 않은 종교적 부흥은 단 한 번도 일어난 적이 없었다. 부흥이 임하는 곳마다 놀라운 '사회 변혁'이 수반되었다.

미국에서 2차 대각성운동이 전개되면서 '노예제도'가 폐지되었고 '미성년자들의 노동'이 금지되었으며, 웨슬리 부흥운동을 통해 '주당 90시간'의 노동시간이 '60시간'으로 조정되었다. YMCA, 구세군, 선교회, 자선단체, 교육기관이 설립된 것도 부흥운동과 무관하지 않다. 웨슬리가 '그리스도의 복음'은 종교적인 것이 아니라, '사회적'인 것이며, 단순한 거룩함이 아니라, '사회적인 거룩함'을 띠고 있다고 말한 것도 같은 맥락이다."

여러분, 우리가 이제 바르게 살아야 합니다. 선한 영향력을 끼쳐야하는 것입니다. 우리가 바르게 살려고 하면 믿지 않는 사람으로부터 핍박을 받고 여러 가지 도전을 받습니다. 그럼에도 우리는 끝까지 진실을 말해야 되고 바른 길로 가야되는 것입니다. 죄와 적당히 타협하며 살면 안 됩니다.

나의 감사

라오스에서 온
사역자의 고백

지금은 비참하고 아무것도 없는 곳이지만 핍박 속에 살아가고 있는
성도들이 있는 한 이 나라는 불행해지지 않을 것이라고. 아니, 우리 모두가 이곳의 모든
종족을 품고 기도하면, 그리고 몸과 물질로 이곳에 가서 천국의 소망을 전해준다면
이 나라는 이 세상에서 가장 행복한 나라가 될 수 있을 것이라고.

박태수 선교사님이 라오스에 가서 선교하시는 그 모습을 보고 감동을 받았습니다. '아름다운 동행'이란 귀한 신문에 실린 이 선교사님의 절규와도 같은 이야기를 소개합니다.

라오스는 이 세상 사람들의 관심에서 먼 나라였다. 공산주의 혁명과 베트남 전쟁의 피비린내 나는 소식들만 간간이 들려올 뿐이었다. 선교 활동도 열악했다. 그래서 동남아시아에서 가장 많은 미개척종족 UUPG이 사는 나라가 되었다. 아직도 지하에서 예수를 믿는 성도들은 혹독한 핍박을 받으며 살아가고 있다.

현지인 사역자들은 나라의 선교적 상황을 설명하는 동안 '핍박'이라는 단어를 가장 많이 사용했다. 라오스는 아직도 예수를 믿으면 감옥에 가거나 사회적으로 불이익을 당하고 심한 경우 살해되기도 한다. 성도들은 예수를 믿는 신앙과 자신의 목숨을 맞바꾼 사람들이었다.

그들에게 기독교는 종교가 아니라 목숨이고 삶 전체였다.

이 나라에는 복음을 듣지 못한 영혼들이 아주 많다. 공산주의 정부가 선교를 막기 때문이기도 하지만 지리적으로 오지에 사는 종족이 많아 찾아갈 사람이 없었기 때문이다. 그런 마을들을 찾아가 개척을 해야 했다. 북부 산악에 살고 있는 종족을 찾아가기 위해서는 19시간 동안 버스를 타고 가서 두 시간 동안 트럭으로 이동한 후, 다시 8시간 동안 걸어서 가야만 한다. 우리는 걷기도 하고 경운기를 빌려 타기도 하고 배를 타고 강을 건너기도 했다. 그러나 그나마 탈 것도 없어 산길을 몇 시간씩 걸어야 하는 경우도 많았다. 산속에서 길이 끊겨 산 비탈길을 헤매고 다닌 여정은 특수부대원들이나 할 수 있는 강행군 코스였다. 우리가 찾아간 몽 종족, 카무 종족, 르 종족이 살고 있는 마을에는 복음이 전혀 들어가지 않았다. 누구도 가서 복음을 전하지 않은 이 땅에 현지인 사역자만이 외롭게 핍박을 받으며 사역을 하고 있었다. 우리는 할 수 있는 모든 힘을 다해 사람들을 만났다. 평생 병원 한번 가보지 못하고 죽어갈 운명에 처한 이들을 치료하고 눈을 씻어주며 우리는 기도했다. 아직도 영적 흑암에 앉은 이 모든 이들에게 소망의 빛이 비치게 해 달라고.

기도는 기적을 만들고

메콩강 건너에 위치한 마을도 있었다. 작은 쪽배로 강을 건너가 만난 이 마을에는 예수를 믿는다는 이유로 3년 동안 추방당했던 몇몇 그리스도인 가정이 살고 있었다. 오랜 핍박과 고통 속에서 신앙생활을 했던 성도들이었지만 그들의 모습 어디에서도 슬픈 모습을 찾을 수 없었다. 오히려 예수를 믿는 형제와 자매들을 만났다는 것에 천사를 만난 것만큼이나 기뻐하고 좋아했다.

몇몇 아이들은 외국인을 처음 만나 무서워하기도 했지만 금방 마음을 열고 우리와 어울렸다. 아이들이 모이면 부모들이 따라 나왔다. 공산주의 사회라는 것을 어디에서도 느끼지 못할 정도로 그들은 열려 있었다. 다만 그들은 비참할 정도로 가난한 생활을 하고 있었다. 약은커녕 먹을 식량도 넉넉지 않아 제때 끼니를 잇지 못하는 사람들이 대부분이었다. 그런 사람들에게 작은 상처라도 치료해 주는 것은 생명의 은인을 만나는 것과 같다. 몸을 치료하는 것은 약이 아니라 우리를 만드신 하나님이라고 항상 강조하며 기도했다.

그런데 기도는 기적을 만들었다. 그동안 고통 속에 살고 있던 사람들이

너도나도 뛰어나와 기도해 달라고 요청했다. 이 나라에서 누구도 볼 수 없었던 광경이었다. 이제는 우리팀 모두가 사역자가 되어 기도해 주며 그 영혼들이 주님을 만나도록 간구했다. 현지인 사역자는 한 사람 한 사람 다시 만나 상담을 하며 예수를 소개했다. 그렇게 사람들은 하나 둘씩 예수께로 나오게 되었다. 마을의 공산당위원장도 어느덧 기독교인에 대해 마음을 열고 우리를 받아들이기 시작했다.

라오스의 마을들은 하나같이 천연의 상태 같았다. 자연도, 사람도 외부세계에 물들지 않은 처음 그대로의 모습이다. 아직도 손으로 실을 짜고 색을 먹여 옷감을 만들었다. 물레를 돌리고 방아를 찧는 모습은 마을 어느곳에서나 쉽게 볼 수 있었다. 그만큼 사람들이 찾아오지 않았고 물질문명의 영향을 덜 받았던 것이다. 선교적으로는 더욱 열악했다.

이곳에는 추수할 것이 너무나도 많은데, 정작 추수할 일꾼들이 너무 적다는 사실에 마음이 아팠다. 고통과 어려움 속에서도 신앙을 지키며 복음을 전하는 현지인 그리스도인들과 함께 있어주기만 해도 개척선교에 큰 기여가 될 텐데…. 그 마음을 가진 사람들은 어디에 있는지 안타깝기만 했다.

'믿음을 잃지 마세요'

라오스는 이제 막 개방의 기지개를 펴고 있다. 몇 년 전부터 밀려드는 배낭 여행객들로 도시의 거리는 점점 붐비기 시작했다. 만약 지금 기회를 놓치면 더 많은 자원과 에너지를 가지고도 감당할 수 없는 때가 올지도 모른다.

폐쇄 국가에서 개방의 길로 막 들어서기 시작한 이때가 이 나라를 선교적으로 도울 수 있는 절호의 기회이다.

우리가 떠나오던 날, 지하교회 성도들은 우리를 붙들고 울기만 했다. 우리는 해준 것이 아무것도 없는데 마치 예수님을 만난 것처럼 그동안 겪었던 수많은 핍박의 이야기를 눈물로 쏟아냈다. 우리도 그분들을 끌어안고 함께 울었다. 이곳 성도들이 불쌍해서가 아니라 우리가 믿는 예수와 그분들이 믿는 예수가 같은 분인데 왜 우리의 신앙생활은 이럴까 부끄러워서 울었다.

아이들은 떠나가는 우리를 위해 노래를 해 주었다. '믿음을 잃지 마세요. 주님을 붙잡으세요….' 그동안 예수 믿는다는 이유로 학교에서 쫓겨났고, 길에서 돌에 맞아 머리가 깨지는 핍박을 당했던 이이들인데 아무 일도 없었던 것처럼 해맑은 얼굴로 찬양을 했다. '주님이 천국에서 기다리고 계세요. 그분 앞에 갈 때까지 믿음 잃지 마세요….'

척박한 땅 라오스를 떠나오면서 생각했다. 지금은 비참하고 아무것도 없는 곳이지만 핍박 속에 살아가고 있는 성도들이 있는 한 이 나라는 불행해지지 않을 것이라고. 아니, 우리 모두가 이곳의 모든 종족을 품고 기도하면, 그리고 몸과 물질로 이곳에 가서 천국의 소망을 전해준다면 이 나라는 이 세상에서 가장 행복한 나라가 될 수 있을 것이라고.

"눈가림만 하여 사람을 기쁘게 하는 자처럼 하지 말고 그리스도의 종들처럼 마음으로 하나님의 뜻을 행하고 기쁜 마음으로 섬기기를 주께 하듯 하고 사람들에게 하듯 하지 말라" (에베소서 6장 6-7절)

헨리 블랙커비 Henry T. Blackaby 목사님의 이런 고백이 있습니다.

감사 묵상

"하나님의 자녀인 당신은 결코 혼자가 아닙니다. 당신의 목자께서 당신과 항상 함께하십니다. 따라서 당신이 있는 곳으로 그분을 부를 필요도, 어디 계시냐며 궁금해 할 필요도, 당신을 버리실까 두려워할 필요도 없습니다.

그분은 당신 '앞'에서 가시며, 당신 '옆'에서 걸으시며, 당신 '뒤'에서 따라 오시며, 당신을 '안전하게' 지켜주고 계십니다."

나의 감사

선교영화
'마마 루카 귀향하다'

"네, 주님만이 가치가 있으신 분입니다. 나는 아무것도 아닙니다.
내가 하는 일이 가치가 있고 없고, 이것이 중요한 것이 아닙니다.
주님만이 나의 모든 것이 되시고 나의 전부가 되십니다."

'마마 루카 귀향하다'란 영화는 의료 선교사로 콩고에 갔던 헬렌 로즈비어Helen Roseveare 선교사님의 이야기입니다. 그분의 삶이 너무나 아름다워 영화로 만들어진 것입니다.

스코틀랜드의 엄격한 장로교 집안에 태어난 그는 캠브리지 대학에서 의학을 공부할 때, 은혜를 체험하고 주님을 위해 여생을 바치겠다고 결심합니다. 그리고 선교사로 헌신합니다.

세계적 선교단체인 WEC Worldwide Evangelization for Christ 파송으로 아프리카 콩고에 갑니다. 그런데 1960년대에 폭동이 일어났습니다. 많은 사람들이 선교사에게 폭동이 일어나 매우 위험하니 빨리 떠나라고 권했습니다. 로즈비어 선교사님은 이렇게 말했습니다.

"나는 아프리카 사람들을 위해 내 삶 전체를 희생하러 왔는데, 어떻게 나 혼자 살자고 도망갈 수 있겠습니까? 나는 도망갈 수 없습니다."

결국 폭도들에 붙잡혀 5개월 동안 감금을 당해 수없이 매를 맞는 등 말할 수 없는 고통을 겪었습니다. 어느 날, 그녀가 의료사역을 하면서 꼼꼼히 기록해둔 자료들을 폭도 두목이 다 불살라 버렸습니다. 그리고 선교사님을 나무에 묶어 놓고 사정없이 때립니다.

그때 선교사님은 너무나도 슬퍼 처음으로 하나님께 이렇게 질문했습니다.

"주님, 제가 지난 10년 동안 이곳에 와서 희생하고, 헌신한 것이 정말 가치가 있는 것이었습니까? 이렇게 고생하는 것이 가치가 있는 것입니까? 이런 모욕과 폭행까지 당하는 것이 가치가 있는 것입니까? 이런 고통을 당하는 것이 주님께서 허락하신 것입니까?"

그 때 주님께서 그 마음속에 음성을 들려주셨습니다.

"네가 한 일이 가치가 있느냐고 묻고 있느냐? 그렇다면 나는 너에게 어떤 가치가 있느냐? 정말 내가 너에게 진정한 가치가 있는 거냐?"

그 말씀을 듣고, 선교사님은 그 자리에서 펑펑 울었습니다.

그리고 주님 앞에 이렇게 고백했습니다.

"네, 주님만이 가치가 있으신 분입니다 Yes, you are worthy. 나는 아무것도 아닙니다. 내가 하는 일이 가치가 있고 없고, 이것이 중요한 것이 아닙니다. 주님만이 나의 모든 것이 되시고 나의 전부가 되십니다."

우리는 '내가 이렇게 힘을 쏟아 주님 일을 하고, 많은 업적을 남겼는데 내가 왜 이런 어려움을 당해야 합니까? 내가 왜 이런 핍박을 받아야 합니까?' 하는 질문을 흔히 합니다. 하지만 그 질문 자체가 잘못된 것입니다. 그런 질문을 할 자격이 없습니다.

주님만이 영광을 받으시고, 주님만이 가치가 있으시고, 주님만이 높임을 받으시면 우리의 모든 것은 다 되는 것입니다.

"만일 형제나 자매가 헐벗고 일용할 양식이 없는데 너희 중에 누구든지 그에게 이르되 평안히 가라, 덥게 하라, 배부르게 하라 하며 그 몸에 쓸 것을 주지 아니하면 무슨 유익이 있으리요 이와 같이 행함이 없는 믿음은 그 자체가 죽은 것이라" (야고보서 2장 15-17절)

존 스토트 John R. W. Stott 목사는 십자가에 대해 이렇게 말씀하였습니다.

감사 묵상

"그리스도의 십자가에는 놀라운 능력이 있습니다. 그리스도의 십자가는 가장 둔한 양심이라도 깨우며, 가장 완악한 마음도 녹일 수 있습니다.

부정한 자를 깨끗하게 하고, 하나님과 화목하게 만들며, 갇힌 자를 풀어주고, 빈궁한 자를 높이며, 인간 사이의 모든 장벽을 무너뜨립니다.

우리의 성품을 그리스도의 형상으로 바꾸어, 마침내 하나님의 보좌 앞에 흰 옷을 입고 서기에 합당하도록 만드는 능력이 있습니다."

우리는 평생 예수님의 십자가를 감사하고 자랑하며 살아야 할 것입니다.

나의 감사

조선에서
가장 행복한 소녀

"고통과 슬픔은 사람들이 생각하는 것처럼 나쁜 것만은 아니에요.
하나님은 우리에게 항상 희망으로 다가와 일생을 인도하시거든요."
송옥분, 안나는 감사의 신비를 깨닫고 감사의 삶을 살았던
'조선에서 가장 행복한 소녀'가 정말 맞습니다.

"The Happiest Girl In Korea." 개화 초기에 미국 연합감리교회의 선교사요 간호사였던 미네르바 구타펠 Minerva L. Guthapfel이 쓴 책입니다.

송옥분이란 자매의 아름다운 신앙을 소개하고 있습니다.

이 책은 "조선의 소녀 옥분이: 선교사 구타펠이 만난 아름다운 영혼들"이란 제목으로 번역되었습니다.

송옥분은 1892년 가난한 농촌에서 태어났습니다. 조선 땅에 큰 기근이 있었던 1901년, 추위와 굶주림을 견디다 못한 그의 부모는 10살

의 어린 딸 옥분을 부잣집에 하녀로 팔아 버렸습니다. 그녀는 제대로 먹을것을 주지도 않고 일만 시키면서, 욕하고 매질하는 주인으로 인해 병들고 약해져만 갔습니다. 추운 겨울 내내, 얇은 옷을 입고 추위에 떨며 일만 하던 그녀는 심각한 동상에 걸리고 말았습니다. 손발의 동상 부위가 썩어 들어가기 시작했습니다. 게다가 몸마저 마비증상을 보였습니다. 이 사실을 알게 된 주인은 옥분을 서울에 있는 선교병원에 데리고 와서 '이 아이를 고치든지 어떻게 하든지 알아서 하시오' 하고는 가버렸습니다.

8개월간의 치료 기간 동안 생사의 고비를 수없이 넘겨야만 했습니다. 1906년 9월, 목숨은 건졌지만 결국 동상 후유증으로 인해 양 손목과 한쪽 다리를 절단해야만 했습니다.

하지만 선교사들의 전도로 예수님을 마음에 모시게 되었습니다. 예수님의 생명이 그 마음 가운데 들어갔습니다. 새사람이 되었습니다. 그때부터 그녀의 감사가 시작되었습니다.

연말을 맞아 크리스마스 때가 되어 선교사님이 여기저기에 카드를 쓰고 있었습니다. 그 모습을 보고 있던 옥분이가 말합니다.

"선교사님, 편지 끝에 '조선에서 제일 행복한 소녀'라고 제 인사말을 넣어 주실 수 있나요?"

선교사님이 무엇이 그렇게 행복하냐고 물었습니다.

옥분은 여섯 가지의 감사 내용을 또박 또박 대답하였습니다.

첫째, 선교 의사들의 손길에 의해서 자기 몸의 고통을 해결 받게 된 것입니다.

둘째, 병원에 들어온 후로는 주인으로부터 더 이상 매를 맞지 않고 살 수 있게 된 것입니다.

셋째, 병원에 온 후로 더 이상 굶지 않게 된 것입니다.

넷째, 이제는 자기를 종으로 부리던 무섭고 사나운 주인에게 다시 돌아가지 않을 수 있도록 선교 병원에 남아서 살게 된 것입니다.

다섯째, 병원에 온 후로 크리스마스 트리의 아름답고 매혹적인 광경을 지켜보게 된 것입니다.

그리고 여섯째, 가장 감사하고 행복한 것은 하나님을 알고 믿으며 예수님의 십자가 사랑을 깨닫게 되었기 때문입니다.

그 후 옥분은 세례를 받았으며 송안나 Anna Song란 예쁜 이름도 얻게 되었습니다. 완전히 새로운 인생을 시작하게 된 것입니다. 영어를 배우고, 동상으로 잘려나간 손목에 붕대로 연필을 묶어서 글씨도 쓸 수 있게 되었습니다. 병원에서 자신을 돌봐주다 미국으로 돌아간 간호사들에게 편지를 쓰곤 했습니다.

안나는 병원에서 선교사와 의사와 간호사와 환자들 모두에게 깊은 감동을 주는 천사가 되었습니다. 불편한 몸으로 목발을 짚고 다니지만, 만나는 사람마다 예수님의 사랑을 전했습니다. 영어와 한국어 통역관이 되어 수많은 환자들을 위로하며 희망을 심어주기도 했습니다.

그러나 주위의 많은 사람들은 그녀의 행복을 이해할 수 없었다고 합니다. 심지어 어떤 여성은 '왜 의사들이 그녀의 손을 절단하는 데 사용한 칼을 들어 그녀의 심장을 찌르지 않았는지' 의아해 했습니다.

'The Happiest Girl In Korea', 이 책을 읽은 한 미국여성은 감동을 받아 병마를 이겨낸 딸이 사용하던 휠체어를 선물로 보내기도 했습니다.

그녀는 이렇게 고백했습니다.

"고통과 슬픔은 사람들이 생각하는 것처럼 나쁜 것만은 아니에요. 하나님은 우리에게 항상 희망으로 다가와 일생을 인도하시거든요."

송옥분, 안나는 감사의 신비를 깨닫고 감사의 삶을 살았던 '조선에서 가장 행복한 소녀'가 정말 맞습니다.

"그런즉 너희는 먼저 그의 나라와 그의 의를 구하라 그리하면 이 모든 것을 너희에게 더하시리라" (마태복음 6장 33절)

감사 묵상

세계적인 브라질의 축구스타 카카를 아십니까?

그는 골을 넣을 때마다, 우승할 때마다 무릎을 꿇고 하나님께 기도합니다. 타임지가 선정한 '2008년도 세계를 움직이는 100명' 가운데 한 사람으로 꼽혔고, '2007년도 FIFA의 올해의 선수'였으며, 2006-2007년 유럽 챔피언리그 최다득점으로 우승을 이끌었습니다.

그는 모든 시합의 유니폼에 'I BELONG TO JESUS'란 글이 적힌 속옷 런닝을 입고, 'JESUS IN MY FIRST PLACE'라고 새긴 축구화를 신었습니다.

그는 이렇게 고백합니다. "주님은 나의 전부입니다. 내가 축구를 하는 이유는 바로 예수님의 이름을 높이기 위함입니다. 우리가 이 땅에서 사는 이유는 예수님을 알지 못하는 사람들에게 복음을 전하기 위해 있는 것입니다. 나중에 축구선수를 그만두면 예수님의 이름만 높이며 영광을 돌리는 목사가 되고 싶습니다."

나의 감사

_____

_____

_____

_____

_____

하나님,
오늘 저는 살아있습니다

> 혼자서는 결코 이곳에 오지 못했을 것입니다. 혼자서는 온갖 문제들,
> 끝없는 괴로움, 위협과 싸워서 이겨 내지 못했을 것입니다. 하나님의 강하고 결정적인
> 임재를 경험하지 못했더라면 집을 떠나는 것조차 하지 못했을 것입니다."

콜롬비아 정글지역에 사는 모틸던 족에 복음을 전한 부르스 올슨 선교사님이 있습니다. 이 지역은 지난 400년 동안 외부인이 들어가지 못했던 곳입니다. 그는 16살 때 선교사로 부름 받았습니다. 아직 한 사람도 그곳에 가서 복음을 전하지 못한 모틸던 족에 대한 이야기를 듣고, 마음이 뜨거워져서 19살 때 그 선교지로 나아갑니다.

이 모틸던 족은 아주 이기적이고 잔인한 족속이어서, 접근해오는 모든 사람을 죽입니다. 아이들이 고아가 되면 표범에 내던져 죽게 하고, 나이 많은 노인들을 돌보지 않는 사람들이었습니다.

부르스 선교사가 정글을 헤치며 들어갔는데, 그만 화살에 맞아 붙잡힙니다. 한 달 동안 잡혀 있다가 탈출합니다. 몸을 치료받고 회복한 후 또 들어갑니다. 다시 붙잡힙니다. 채찍에 맞고 창에 찔리고 온갖 고통을 겪으면서도, 그는 주님의 권세를 붙들었습니다.

이 모틸던 족 사람들이 신기하게 여긴 것이 있었습니다. 그의 얼굴에 항상 기쁨이 충만했기 때문입니다. 그래서 '도대체 이 사람이 여기에 왜 들어왔나' 하는 호기심이 생겼습니다. 대화를 나누는 동안 한 사람 두 사람씩 주님께로 돌아오는 역사가 일어나기 시작했습니다.

마침내 그 포악했던 모틸던 부족들이 다 변화되어 복음의 타운이 되었습니다. 고아가 된 아이들과 나이가 많은 노인들을 돌보는 사역이 나타났습니다. 밀림에 최초로 보건소와 학교가 세워졌습니다.

자기 부족뿐만 아니라 이웃부족까지도 돌보는 놀라운 하나님의 사랑과 은혜가 임하게 되었던 것입니다.

물론 그렇게 되기까지 그의 삶이 결코 쉽지 않았습니다. 한때 반군에 붙잡혀 가슴과 다리, 목에 세발의 총을 맞았습니다. 4개월 동안 밀림의 나무에 묶여 있었던 적도 있습니다. 그런데도 그는 늘 게릴라를 향해 웃음을 잃지 않았습니다.

"도대체 당신은 뭐하는 사람이요? 왜 이 정글 속에 들어와 있소?"
그러자 그들에게 복음을 전합니다. 요리하는 법을 가르쳐주고, 글도 가르쳐주고, 치과 진료도 해주고 …. 온갖 사랑을 베풀고 섬기었습니다. 게릴라 120명이 모두 예수를 믿게 되었습니다.

선교사님은 온갖 위험 속에서도 40년 동안이나 그들을 섬기고 있습니다. 놀라운 일이 아닙니까?

그 밀림을 찾아 온 기자가 묻습니다.

"이렇게 힘들고 어려운데 포기하고 싶은 마음이 없었습니까? 하나

님께 원망스런 맘이 들지 않았습니까?"

"저는 그런 상황에서 기적적으로 구출되어야 하는 것이 하나님의 책임이라고 생각해 본적이 없습니다. 대신 제가 있는 자리에서 하나님을 바르게 섬기는 것이 제가 할 수 있는 최선이라고 생각합니다. 어려움을 견딜 수 있었던 특별한 비결은 없습니다. 다만 저는 매일 이렇게 기도합니다. '하나님 오늘 저는 살아있습니다. 저는 시간을 창조적으로 사용하고 싶습니다. 오늘 제가 어떻게 하면 당신에게 잘 쓰임 받겠습니까?'"

70세가 다 된 그에게, 이제 은퇴할 때가 되지 않았느냐고 물었습니다. 그는 이렇게 말했습니다.

"은퇴라니요. 저는 아직 충분히 젊습니다. 물론 자만하지는 않습니다. 저는 밀림에서 살아남을 수 있을 것이라고 생각하지 않았습니다. 지금 이렇게 살아있는 것도 전적으로 주님의 은혜입니다. 저를 이곳으로 데려오신 분은 하나님이었습니다. 혼자서는 결코 이곳에 오지 못했을 것입니다. 혼자서는 온갖 문제들, 끝없는 괴로움, 위험과 싸워서 이겨 내지 못했을 것입니다. 하나님의 강하고 결정적인 임재를 경험하지 못했더라면 집을 떠나는 것조차 하지 못했을 것입니다."

"주께서 이같이 우리에게 명하시되 내가 너를 이방의 빛으로 삼아 너로 땅끝까지 구원하게 하리라 하셨느니라" (사도행전 13장 47절)

감사 묵상

우크라이나 장종일 선교사가 사역중인 교회에는 매주 5,000명의 청년들이 모입니다. 그는 11개의 교회를 설립했습니다. 마약과 알코올 중독자들의 재활센터를 운영하고, 시각 장애인 재활훈련과 개안 수술도 합니다.

장 선교사를 통해 전도받은 한 우크라이나 가족이 있었는데, 아버지는 13년 반, 어머니는 8년 반이나 감옥에 있었습니다. 그런데도 자녀 8명 모두 주의 종이 되었습니다. 그는 이런 고백을 합니다.

"마약과 술에 중독된 이들이 복음과 사랑으로 변화되는 모습은 십자가의 은혜입니다. 이젠 그들이 주님의 향기에 중독되었습니다. 단지 예수님을 믿는다는 이유 하나만으로 핍박 받고 비난받던 부모들의 모습도, 그 길을 왜 가느냐는 사람들의 차가운 시선도 이제는 더 이상 두렵지 않습니다. 하나님을 믿기 때문에 감당해야 할 고난이 그저 감사할 뿐입니다. 복음의 불모지가 조금씩 믿음의 비옥한 땅으로 변화되고, 복음의 열매를 맺어가며, 저들 안에 뜨거운 부흥의 열망이 피어오르고 있으니 감사할 뿐입니다."

나의 감사

뜨거운 선교의
피가 흐른다

이곳은 바로 제 아버지와 어머니의 선교 피가 뜨겁게 흐르는 땅입니다.
아버지와 어머니의 대를 이어서 저희들이 이 땅에 뼈를 묻겠습니다.

신학대학에서 북방선교를 꿈꾸며 만난 젊은 부부 김창식·박은희 선교사는 10살도 채 안된 어린 아들 둘과 함께 1996년 여름, 발해 역사가 숨 쉬는 연해주의 러시아 땅 우수리스크로 건너갔습니다. 러시아와 중국과 북한을 잇는 요충지라는 생각이었습니다.

그러나 뜨겁게 선교사역을 시작한지 4년만인 2000년 8월, 교회 앞에서 한 고려인과 싸우던 러시아인의 칼에 찔려 김창식 선교사가 목숨을 잃었습니다. 42세의 젊은 나이였습니다.

온 가족이 보는 앞에서 느닷없이 벌어진 기가 막힌 일이었습니다.

현지 고려인과 싸우던 러시아인 안드레이가 그 고려인을 놓치고 목사님이 나오니 같은 동료인 줄 알고 칼로 찔렀습니다. 그 자리에서 순교하고 말았습니다.

그의 형님인 김안식 목사님이 동생의 소식을 듣고 급히 장례식을 치르기 위해 서울에서 러시아로 향했습니다. 김 선교사를 우스리스크 공원묘지에 안장하고 바로 감옥으로 찾아가 자기 동생을 죽인 그 죄수를 만나기 위해 면회 신청을 했습니다.

그 러시아인은 28세로 전과 2범이자 약물 중독자였습니다. 통역을 통해 자기를 소개했습니다.

"나는 당신이 죽인 사람의 형이요."

그리고 묻습니다.

"누군가 사랑하는 사람을 죽인 건 죄가 아닙니까?"

그러자 그 살인자가 고개를 푹 숙이고 말합니다.

"예, 제가 죄인입니다. 저의 어머님은 크리스천입니다. 정교회 교인인데 제가 이렇게 잘못된 삶을 살았습니다. 감옥에 잡혀올 때부터 제가 엉뚱한 사람을 죽인 것을 알고 그분을 살려달라고 하나님께 기도했습니다."

그때 김안식 목사가 말합니다.

"내 동생 김 선교사가 이곳에 가난하고 병들고 당신같이 방황하는 사람들을 섬기기 위해 왔습니다. 그런데 당신은 당신을 사랑하는 사람을 죽였습니다."

안드레이가 울기 시작했습니다. 김 목사님이 말을 이었습니다.

"나는 아우를 대신하여 당신을 용서하기 위해 왔습니다. 예수님 때문에 당신을 용서합니다. 예수님은 십자가에 달리셨을 때 용서를 비는 한 강도를 용서했습니다. 예수님은 당신을 사랑합니다. 김 선교사도 나도 당신을 사랑합니다. 당신을 용서합니다. 예수님도 당신의 죄를 용서해 주실 것입니다. 이제 새롭게 살아가십시오. 김 선교사가 못 다 하고 죽은 삶을 당신이 살아주십시오! 그리고 당신을 위해 기도해드리겠습니다."

김목사님은 안드레이에게 물었습니다.

"기도해도 되겠습니까?"

그가 무릎을 꿇고 기도를 받습니다. 그분의 손을 잡고 간절히 기도하니까 눈물을 펑펑 흘렸습니다. 그리고 주님께 자신의 엄청난 죄를 용서해달라고 빌었습니다. "예수님의 이름으로 기도드립니다." 하니 그도 함께 "아멘" 하고 기도를 마쳤습니다.

김 선교사의 아내 박은희 선교사와 어린 두 아들의 충격이 어떠했을지 감히 가늠해보기도 어렵습니다. 남은 사역은 남은 자들의 몫입니다. 어린아이들 키우랴, 남편 선교사가 벌여놓은 사역을 추스르며 선교센터를 위한 예배당 지으랴, 현지인들 돌보랴. 우수리스크에서 교회 건축을 허가받아 짓는 것이 불가능하다고 했지만, 결국 박 선교사는 이뤄냈습니다.

병약하던 박 선교사는 "이 땅에 뼈를 묻자. 서로 누군가가 먼저 세상을 떠나도 이 땅을 지키자."라고 했던 남편의 말을 기억하면서, 자신의 건강을 돌볼 겨를도 없이 사역에 몰두했습니다. 건축도 마쳤고, 우수리스크 최초로 일곱 집사를 세우기도 했고 선교지의 열매가 맺혀가고 있습니다.

그런데 이게 또 웬일입니까?

할 일이 태산같은 선교지에서 동분서주하다가 지병이 악화되어 남편 선교사가 떠난 지 꼭 10년만인 2010년 여름, 하늘나라로 떠났습니다. 어린 '바울과 바나바'를 사역지에 두고 떠나는 엄마의 피눈물 쏟는 기도가 느껴집니다.

"아빠가 가실 때는 저희가 너무 어려서 잘 몰랐어요. 엄마가 계셨으니까요. 그런데 엄마가 가시던 9월 1일은 개학날이었어요. 바나바는 아직 어리잖아요. 엄마가 고통을 견디다 못해 한국에 가셨는데, 여러 가지로 참 쓸쓸한 기분이 들던 중이었어요. 한국에서 전화가 왔는데…. 엄마가 하늘나라로 가셨다는 소식이었어요."

형 바울이 말했습니다.

"뭐라고 말할 수 없죠. 그때의 마음을. 그저 엄마께 아들로서 아무 것도 해드린 게 없다는 생각, 고생만 하다 가신 것 같아 가슴이 메어졌어요. 제가 사춘기를 지나면서 엄마에게 짜증을 냈던 일이 생각나서."

어린 바울은 초등학교 4학년 때(바나바는 1학년) 아빠를 잃었고, 대학교 2학년 때(바나바는 고등학교 2학년) 엄마와 사별했습니다. 선교지에 달랑 남은 두 아이. 그들이 느낀 중압감이 얼마일까요? 얼마나 마음이 힘들었을까요?

아빠가 가신 이후 초등학생이던 바울은 병약한 엄마를 도와 가장 역할을 해야 했습니다. 통역에서부터 잡일까지, 엄마 사역을 돕는 어린 선교사 역할이었습니다. 큰아들은 박 선교사에게 다시없는 선교 동역자였습니다.

여기서 그 선교사역이 멈추지 않았습니다. 바울과 바나바의 삶의 목표는 분명합니다. 형 바울은 이렇게 말했습니다.

"선교사의 아들로 태어났고, 선교지에서 자랐습니다. 자라면서 부모님으로부터 선교의 중요성을 늘 들었고, 공감했고, 이견도 의심의 여지도 없이, 선교사로 살아가는 것뿐입니다. 이곳은 바로 제 아버지와 어머니의 선교 피가 뜨겁게 흐르는 땅입니다. 아버지와 어머니의 대를 이어서 저희들이 이 땅에 뼈를 묻겠습니다.

아버지를 죽인 범인이 살아있는 곳, 부모님을 잃은 땅이지만 하나님의 영광을 위해서 하나님의 사랑을 전하기 위해서 우리는 이곳에서 우리 부모님이 못다 이룬 그 일을 이어나가겠습니다."

"또 형제들아 너희를 권면하노니 게으른 자들을 권계하며 마음이 약한 자들을 격려하고 힘이 없는 자들을 붙들어 주며 모든 사람에게 오래 참으라"(데살로니가전서 5장 14절)

데이비드 월커스David Wilkerson 목사는 노숙자와 마약 중독자들을 변화시켜서 주님의 자녀로 이끌었습니다. 2011년 하나님의 부르심을 받은 그는 '지금 포기하고 싶은가' 란 책에서 이와 같이 말합니다.

"혹시 모든 것을 포기해버리고 싶습니까? 도대체 무엇을 해야 할지 모르겠습니까? 영적으로 심한 가뭄에 시달리고 있습니까? 상처와 고통으로 낙심의 잿더미에 있습니까? 당신을 얽매는 죄에 갇혀 있습니까? 죄책감과 끊임없는 정죄로 당신 스스로를 괴롭히고 있습니까? 실패로 넘어져 있습니까?

상처와 아픔, 낙심과 두려움, 실패, 모든 연약함을 그분 앞에 내려놓고 오직 하나님만이 우리를 온전히 치유하시고 회복시키실 것을 믿고 그분을 의지하십시오. 주님은 우리의 연약함에도 불구하고 우리의 있는 모습 그대로를 사용하시기를 원하셔서 당신을 붙들어 일으켜 세우실 것입니다."

전신마비 환자에서
전도자로

어느 날 그의 마음 가운데 주님의 음성이 들려옵니다.
"일어나 걸어라! 내가 도와주리라!"
그 말씀을 붙잡는 순간 갑자기 마음에 믿음이 커지는 것이 느껴집니다.

새해 CBS-TV를 통해 정환벽 안수집사님의 기적 같은 이야기를 알게 되었습니다. 전신마비로 병실에 누워 있던중 하나님의 말씀에 의지해 벌떡 일어난 뒤, 지금까지 기도와 말씀과 전도의 사람으로 살아가고 있습니다.

그 분은 원래 아주 잘나가는 사업가였답니다. 그런데 보증을 잘못 서 사업까지 어려워졌습니다. 직원들의 수를 줄이고 자신이 직접 운전까지 하며 영업을 다니다가, 어느 날 차가 낭떠러지로 굴러 떨어지는 교통사고를 당했습니다. 경추가 끊어지고 하루아침에 전신마비 환자가 되었습니다. 중환자실에 누워 자기 얼굴에 붙은 티끌 하나도 손으로 털어내지 못한채 겨우 말할 정도의 입만 움직일 수 있을 뿐이었습니다.

다행히도 그의 옆을 지켜주는 가족들이 있었습니다. 어머니는 6·25 전쟁 때 남편을 잃고 평생 하나님만 의지하며 살아오신 분인데 아들이 중환자실에 누워있는 57일 동안 매일 밤을 새워가며 간절히 기도했습니다.

"아이고, 하나님 아버지! 저의 아들 불쌍히 보시고, 긍휼히 여기시어, 돌보아주옵소서. 다시 한 번 일으켜주셔서 하나님의 복음을 전하는 그릇으로 귀하게 사용해주옵소서!"

장로인 형님과, 권사인 형수님, 믿음 좋은 아내를 비롯해서 온 교회의 성도들이 함께 기도했습니다. 그런데 어느 날 그의 마음 가운데 주님의 음성이 들려옵니다.

"일어나 걸어라! 내가 도와주리라! 일어나 걸어라! 내가 도와주리라!"

그 말씀을 붙잡는 순간 갑자기 마음에 믿음이 커지는 것이 느껴집니다. 그래서 고개를 돌려 옆에 있던 아내에게 말합니다.

"여보! 나 좀 붙잡아줘. 나 일어날래."

지금까지 전신마비로 누워 있던 남편이 일어나겠다고 하면, '여보,

왜 이래?' 하며 만류할 만도 한데, 아내는 남편이 일어난다고 하니 붙잡아 상체를 일으켜 세우고 발을 내딛도록 돕습니다. 이게 어찌된 일인지, 발에 힘이 생겨나더니 한 걸음 두 걸음 걷기 시작합니다. 전신마비로 누워있던 사람이 그렇게 일어나서 40분 동안 걸었습니다. 복도를 왔다 갔다 하는데, 이 사람을 아는 모든 분들이 보고는 자신의 일처럼 기뻐하며 박수를 치고, 환호를 합니다. 부축해서 휠체어에 앉히기도 힘들었던 사람이 언제 그랬느냐는 듯이 걷고 있으니 얼마나 놀랐겠습니까. 그 병실에는 병상이 여섯 개인데 병상에 누워 있던 사람들 모두 정집사님이 탄 휠체어를 '기적의 휠체어'라며, 서로들 가지려고 쟁탈전을 벌이기까지 했답니다.

그때 정 집사님은 같은 방안의 다른 병상에서 자기의 상황을 눈여겨보고 있는 어느 불신자 부부를 향해 이렇게 말했습니다.

"이 휠체어가 아니라, 성경이 '기적의 휠체어' 입니다. 살아있는, 생명 있는 이 성경말씀이 기적의 휠체어라구요!"

그의 간증에 그 병실 환자 모두가 예수님을 믿게 되었습니다.

퇴원을 한 후 그는 하나님의 은혜가 너무 감사해 300일 동안 아침을 금식하며 기도하기로 작정합니다. 또 1년 동안 성경을 7독하고, 열심히 전도하겠다고 서원했습니다. 서원대로 365일 하루도 빠짐없이 기도하고 말씀을 읽어 그 첫해에만 성경을 14독 했고, 그때부터 지금까지 215독을 했습니다. 하루에 40장을 읽으면 한 달에 1독을 할 수 있고, 1년이면 12독을 하겠지요. 또 20년 동안 한 달에 25명~30명을 전도해서 지금까지 3,000명 이상을 전도했습니다.

그는 이렇게 고백합니다.

"예전의 저의 얼굴은 짐승 같았어요. 그런데 전도를 많이 했더니 지금은 천사 같대요. 어떤 분은 제게 목사님이 아니냐고 묻기도 합니다. 지금은 사업이 힘들어지고, 그래서 교통사고가 나고, 병원에 누워 지내

던 그 힘든 시간을 오히려 감사하고 있습니다. 사고가 일어나기 이전의 시간으로 돌아가고 싶은 마음은 추호도 없습니다. 잘나가던 시절에는 이런 감사를 알지 못했습니다. 지금은 아침에 일어나자마자 하나님께 감사의 고백과 기도로 하루를 시작하지요.

앞으로 더 담대히 복음을 증거하고, 하나님의 영광을 찬양하고, 말씀을 열 배나 잘 깨닫도록 해 주시기를…."

"모든 성경은 하나님의 감동으로 된것으로 교훈과 책망과 바르게 함과 의로 교육하기에 유익하니 이는 하나님의 사람으로 온전하게 하며 모든 선한일을 행할 능력을 갖추게 하려함이라"
(디모데후서 3장 16-17절)

환태평양크리스천대학 총장 켄트 키스 박사님의 글입니다.

감사 묵상

"사람은 때로 분별력도 없고, 논리적이지 않고, 자기중심적이다. 그래도 사랑하라. 당신이 선을 행할 때 누군가는 이기적인 의도를 숨기고 있다고 비난한다. 그래도 선을 행하라.

당신이 오늘 행한 선이 내일이면 잊힐 것이다. 그래도 선을 행하라.

당신이 정직하고 솔직하기 때문에 남들의 공격도 받을 것이다. 그래도 정직하고 솔직하라. 당신이 수년간 공들여 세운 것을 누군가 하루밤새 무너뜨릴지도 모른다. 그래도 세워라.

진정 도움이 필요한 사람도 막상 도와주면 당신을 공격할 수 있다. 그래도 도우라. 당신이 가진 최상의 것을 내주어도 비난받을 수 있다. 그래도 가장 좋은 것을 내주라."

나의 감사

_____
_____
_____
_____
_____
_____

Chapter 04

하나님 나라의 언어
찬양

찬양사역자
고형원

고통 중에서도 하나님을 예배하는 것이
마땅하다는 것을 깨달은 것입니다. 질병을 통해 하나님의 뜻을
붙잡을 수 있었던 것입니다. 그리고 치유의 하나님은 통증을 거두어 가신 것입니다.

'부흥' '비전' '오직 믿음으로' '물이 바다 덮음같이' '오직 주의 사랑에 매여' '마라나타' '파송의 노래' '주님 다시 오실 때까지' '이땅의 황무함을 보소서' 등등.

이것들은 찬양사역자 고형원 씨의 대표곡들입니다.

고려대학교 건축공학과를 재학하던 중에 허리통증으로 심각한 고통을 겪게 되어 학업을 중단하고 쉬던 중 예수전도단에 들어가 봉사할 기회가 있어 하나님의 은혜로 전혀 자신이 갈 길이라고 생각하지 못했던 찬양곡들을 만들어내게 되었다고 합니다.

전적인 이끄심이고 전적인 인도하심입니다.

하루의 절반 이상을 누워있어야 할 정도로 병마와 고통스럽게 싸우고 연단 받으면서도 나머지 시간들은 찬양곡을 쓰며 하나님을 찬양했고, 결국은 예배인도자로 세움 받아 지금까지 하나님의 찬양사역자로 활동하고 있습니다.

1987년도부터 예수전도단 전임간사로 시작하여 10년동안 카나다에서 사역하면서 신학대학교를 졸업하였고, 한국이 IMF를 맞았던 1997년에는 '부흥' 이라는 제목의 앨범을 발표하고 전국을 순회하며 찬양집회를 열었습니다. 그 은혜와 열기가 얼마나 뜨거웠던지 모두들 기억하고 있습니다.

어느 분이 쓴 글 속에 고형원 선교사님이 한 이런 고백이 있었습니다.

"저는 어릴 적 시인과 외교관이 꿈이었습니다. 지금 돌이켜보면 이 꿈을 하나님이 기억하시고 이뤄 주신 것 같습니다. 하나님의 곡을 쓰고 세계를 돌아다니며 하나님 나라의 일을 하고 있으니까요."

지금도 부흥한국의 대표로서 국내외를 순회하며 사역을 계속 이어가고 있습니다. 고형원 선교사님의 곡을 하나하나 불러보며 그 찬양가사를 음미해보면 절절히 소명이며 주님의 사랑이며 헌신입니다.

오직 주의 사랑에 매여 내 영 기뻐 노래합니다
이 소망의 언덕 기쁨의 땅에서 주께 사랑드립니다.
오직 주의 임재 안에 갇혀 내 영 기뻐 노래합니다
이 소명의 언덕 거룩한 땅에서 주께 경배 드립니다.

주께서 주신 모든 은혜 나는 말할 수 없네
내 영혼 즐거이 주 따르렵니다 주께 내 삶 드립니다.

이 노랫말은 '오직 주의 사랑에 매여'의 가사입니다.

한국교회에 부흥을 향한 불길을 타오르게 했던 '부흥' 역시 다이내믹한 힘이 솟는 찬양입니다. 고통 중에서도 하나님을 예배하는 것이 마땅하다는 것을 깨달은 것입니다. 질병을 통해 하나님의 뜻을 붙잡을 수 있었던 것입니다. 그리고 치유의 하나님은 통증을 거두어 가신 것입니다.

선택받음의 감사이며, 은혜 부어주심의 감사입니다. 그러니 오직 주의 사랑에 매여 우리의 영이 기뻐 노래할 수밖에 없습니다. 고형원 선교사님을 사용하시는 하나님의 손길이 놀랍고 감사합니다.

"그런즉 누구든지 그리스도 안에 있으면 새로운 피조물이라 이전 것은 지나갔으니 보라 새 것이 되었도다"(고린도후서 5장 17절)

감사 묵상

듣지도 보지도 말도 못하는 삼중장애인 헬렌 켈러가 유명한 성가가수의 찬양집회에 참석했습니다. 하지만 들을 수가 없었습니다. 성가가수가 찬양을 마치고 분장실에 돌아오자, 이렇게 부탁합니다. "저는 헬렌 켈러인데요. 그 불렀던 찬양을 다시 한 번만 불러주실 수 있겠습니까?"

그 성가가수가 '거기 너 있었는가' 란 찬송을 부르자, 헬렌 켈러가 손을 목에 대어 진동을 통해 듣습니다. 헬렌이 눈물을 펑펑 흘리면서 '우얼얼' 말을 하기 시작하자, 통역을 합니다. 그녀는 이렇게 고백했습니다.

"네 그렇습니다. 네, 나도 그 자리에 있었습니다. 그 광경을 믿음으로 보았습니다. 주가 죽을 때 그리고 살아날 때 나는 거기 있었습니다. 그리고 보았습니다. 확실히 구원받았습니다. 한 때는 스스로 목숨을 끊으려고 했지만 이제 나는 성령의 소원을 따라 살 수 있습니다. 그렇습니다. 내가 살아 숨 쉬는 동안 나는 이 거룩한 소원을 따라서 살 것입니다."

나의 감사

미국 복음성가의 아버지
앤드류 도르시

그가 눈물로 밤을 지새우던 어느 날,
하나님의 목소리가 귓가로 들려왔습니다.
"내가 영원히 너와 함께한다.
너의 가족이 지금 네 옆에 없지만 천국에 나와 함께 있다."

미국 가스펠 음악의 아버지인 토마스 앤드류 도르시Thomas Andrew Dorsey는 재즈와 브루스 리듬에 찬양을 접목한 분입니다. '가스펠 뮤직'이라는 단어가 이 분에 의해 만들어졌습니다.

그는 목사의 아들로 태어나 음악을 공부하고 잘 나가는 피아니스트였습니다. 하지만 찬양 사역자로 헌신하고 한참 활발하게 사역하고 있을 때, 큰 시련이 다가왔습니다. 그의 나이 서른세 살 때, 아내가 아이를 낳다가 죽은 것입니다. 그리고 그 아이도 이틀 만에 죽습니다.

이런 시련이 다가올 때 어떻게 위로의 말씀을 드려야 할지 참으로 안타까운 마음 밖에 없습니다. 함께 울어주는 것 밖에는 답이 없는 것 같아요. 그는 이렇게 울부짖었습니다.

"하나님, 하나님이 살아계신다면 왜 내게 이런 시련이 다가옵니까? 내가 평생 찬양을 통하여 하나님께 영광을 돌리기로 결심하고, 이렇게 열심히 찬양사역을 하고 있지 않습니까? 왜 내게 이런 시련을 주십니까?"

그가 눈물로 밤을 지새우던 어느 날, 하나님의 음성이 귓가에 들려왔습니다.

"내가 영원히 너와 함께한다. 너의 가족이 지금 네 옆에 없지만 천국에 나와 함께 있다."

그는 다시 천국 소망을 가지고 그 절망의 자리에서 일어납니다. 그리고 눈에 흐르는 눈물을 닦고, 주님 앞에 펜을 들었습니다.

그 찬송의 가사 내용이 이렇습니다.

"Precious Lord, take my hand

(귀하신 주여, 제 손을 잡아주소서)

Lead me on, let me stand

(저를 인도하소서, 제가 설 수 있도록 도와주소서)

I'm tired, I'm weak, I'm lone

(제가 지쳤습니다. 제가 연약합니다. 외롭습니다)

이 고통 가운데 탄생된 복음성가는 엘비스 프레슬리를 비롯한 수많은 가수들에 의해 불리어졌습니다. 대표적인 복음성가로 자리매김하면서, 40여 개국의 언어로 번역되어 지구촌 곳곳에서 불리어지고 있습니다. 마틴 루터 킹 Martin Luther King, Jr 목사님은 흑인 인권운동을 위한 가두행진을 할 때면, 꼭 이 성가를 불렀습니다. 그의 장례식에서도 이 곡이 연주되었습니다. 미국의 35대 린든 존슨 Lyndon B. Johnson 대통령도 생전의 요청에 따라, 그의 장례식 때 이 곡이 연주되었습니다.

그 찬송은 우리의 복음성가에도 실려 있습니다.

"주님이여 이 손을 꼭 잡고 가소서

약하고 피곤한 이 몸을

폭풍우 흑암 속 헤치사 빛으로

손잡고 날 인도하소서

인생이 힘들고 고난이 겹칠 때

주님이여 날 도와주소서

외치는 이 소리 귀 기울이시사

손잡고 날 인도하소서"

어떤 절망과 고통 가운데 있습니까? 어떤 사망의 음침한 골짜기를 지나고 있습니까?

주님의 손을 붙잡으시기 바랍니다. 주님께서 여러분의 손을 꼭 붙잡고 찬양의 삶으로, 감사의 삶으로 인도해 주실 것입니다.

"야훼 우리 하나님이여 우리를 구원하사 여러 나라로부터 모으시고 우리가 주의 거룩하신 이름을 감사하며 주의 영예를 찬양하게 하소서" (시편 106편 47절)

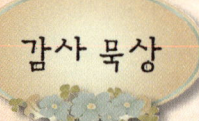
감사 묵상

2014년 4월 어느 날, 애틀랜타에 사는 윌리 마이릭이란 열 살 소년이 집 앞마당에서 강아지랑 놀고 있는데, 누가 용돈을 주겠다고 유인했습니다. 강제로 차에 태우고 가는데 소년이 찬양을 부르기 시작했습니다.

"모든 찬양을 하나님께 드리세. 한마음으로 모든 경배를 드리세."

이 찬송을 세 시간 내내 불렀더니 납치범이 욕하고 난리치다가 결국에는 지쳐서 놓아 주었습니다.

소년은 이런 고백을 합니다.

"저는 열정을 다해 자신 있게 찬양했어요. 납치범이 욕을 하고 소리를 질러도 멈추지 않고 계속 찬양했어요. 무슨 일이 일어나든지 상관없었어요. 그때 납치범이 화가 나서 차 문을 열고 저를 던져 버렸어요. 주님을 찬양하면 하나님께서 신비로운 방법으로 우리를 도와주세요. 예수님은 항상 제 곁에 계시고 예수님은 지금도 여전히 찬양을 통해 능력으로 일하고 계세요."

나의 감사

십자가
그늘 아래

여러분의 쉴 곳이 어디입니까? 예수님의 십자가 그늘 아래인 것입니다.
그는 늘 질병에 시달리면서 39세의 젊은 나이로 일생을 마쳤지만,
행복한 삶이었습니다. 그의 별명이 '햇빛'이었다고 합니다.

엘리자베스 클레페인이란 독실한 크리스천이 '십자가 그늘 아래'라는 찬송시를 지었습니다.

그는 병약해서 어릴 때부터 늘 병치레를 해야만 했습니다. 병주머니라고 불릴 정도로 병을 달고 다녔습니다. 그럼에도 불구하고 그는 자기처럼 고통당하는 이웃을 예수님의 사랑으로 돌보고 섬기었습니다.

최소한의 생활비를 제외하고는 가진 재산을 모두 털어 어려운 사람들을 도왔습니다. 급히 수술하지 않으면 생명이 위독하다는 얘기를 듣고는 재산목록 1호인 말과 마차를 팔아서 수술비를 내어놓기도 했습

니다.

그는 하늘나라로 가기 1년 전 주님 앞에 기도하면서, 병약한 자신을 지켜주신 하나님의 은혜에 감사하는 신앙고백으로 쓴 찬송시가 바로 '십자가 그늘 아래'(찬송가 415장) 입니다.

십자가 그늘 아래 나 쉬기 원하네
저 햇볕 심히 뜨겁고 또 짐이 무거워
이 광야 같은 세상에 늘 방황할 때에
주 십자가의 그늘에 내 쉴 곳 찾았네

내 눈을 밝히 떠서 저 십자가 볼 때
날 위해 고난당하신 주 예수 보인다
그 형상 볼 때 내 맘에 큰 찔림 받아서
그 사랑 감당 못하여 눈물만 흘리네

십자가 그늘에서 나 길이 살겠네
나 사모하는 광채는 주 얼굴뿐이라
이 세상 나를 버려도 나 두려움 없네
내 한량없는 영광은 십자가뿐이라 (아멘)

여러분의 쉴 곳이 어디입니까? 예수님의 십자가 그늘 아래인 것입니다. 그는 늘 질병에 시달리며 39세의 젊은 나이로 일생을 마쳤지만, 주님아래 있었기에 행복한 삶이었습니다. 그의 별명은 '햇빛' 이었다고 합니다.

어디에 있든지, 어디를 가든지 항상 얼굴에 미소를 띠고 예수님의 사랑의 빛을 비추었기 때문입니다. 자기 몸도 아프고 힘든데도 고통당하는 이웃을 위해 평생을 살았던 그의 삶을 보면서 눈물이 납니다. 이것이야말로 하나님의 은혜와 사랑에 감격한 감사의 삶일 것입니다.

"우리 주 하나님이여 영광과 존귀와 권능을 받으시는 것이 합당하오니 주께서 만물을 지으신지라 만물이 주의 뜻대로 있었고 또 지으심을 받았나이다 하더라" (요한계시록 4장 11절)

감사 묵상

여러분은 감사의 삶을 살고 있습니까? 후안 카를로스 오르티즈 목사님의 '제자입니까'란 책에서 불평과 감사를 이렇게 말합니다.

"이 세상에는 '하나님 나라의 언어'와 '흑암 나라의 언어' 두 가지 언어만이 존재합니다. 하나님 나라의 언어는 '찬양'이고, 흑암 나라의 언어는 '불평'입니다. '찬양'은 아름다운 일을 기리지만, '불평'은 그것을 깎아 내립니다. 흑암 나라의 백성들은 아침에 자명종이 울리면 '누가 저런 몹쓸 기계를 고안했담?'이라고 말하고, 커피를 마시면서는 "커피가 왜 이렇게 뜨거워"라고 불평합니다.

그런데 놀라운 것은 하나님 나라의 백성들도 매사에 이런 언어를 사용한다는 점입니다. 그들은 교회에 가서 "할렐루야" 하고 노래합니다. 그리고 예배가 끝난 다음 밖으로 나와서는 이런 말을 내뱉습니다. '어! 비가 오잖아! 날씨 한번 더럽네.' 날씨를 주관하시는 분은 바로 우리 주님이십니다. 우리가 한 마디 내 뱉는 불평은 바로 주님을 향한 불평입니다. 흑암의 나라 언어인 '불평'을 버리고 천국의 언어인 '감사'로 넘쳐 나세요."

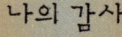

나의 감사

_____

_____

_____

베르디의 오페라 '나부코'

바벨론에 끌려가 그 힘들고 어려운 상황 속에서 하나님께 부르짖은 기도,
그 고난 중에 부른 찬송이 바로 시편 137편입니다.
이 기도, 찬송에 영감을 받아 작곡한 것이 오페라 '나부코' 입니다.

바벨론에 포로로 끌려가 당한 고난을 담은 것이 베르디의 오페라 '나부코' 입니다. 이 '나부코'라는 말은 느부갓네살 왕의 이름을 이탈리아어로 바꾼 것입니다.

베르디는 오페라 곡을 두 번 만들었는데, 엄청난 실패를 거두고 말았습니다. 엎친 데 덮친 격으로 아내와 두 아이가 갑작스럽게 세상을 떠납니다. 모든 희망을 잃어버린 이 절망적인 상황 속에서, 이스라엘 백성이 고난 중에 부른 찬송에 영감을 받아 작곡한 것이 바로 그 유명한 오페라 '나부코' 입니다.

1842년 4월 9일, 이탈리아 밀라노 라스칼라 극장에서 무대에 처음 올려졌습니다. 제3막 '히브리 노예들의 합창'이 연주되자, 이탈리아 청중들은 오스트리아의 침략을 받아 고통 가운데 있을 때의 자기들 모습을 떠올렸습니다. 그것은 감동 그 자체였습니다. 연주가 끝나자 청중들은 모두 일어나 박수로 화답했습니다. 그리고 오페라 '나부코'는 이탈리아 국민의 노래로 자리 잡게 되었습니다. 기록에 의하면, 1980년 이 오페라 제 3막에 있는 '히브리 노예들의 합창'이 끝나자, 온 청중이 일어나 30분 동안이나 기립박수를 했다고 합니다. 그때 지휘는 토스카니가 했는데, 그가 무대 안팎을 몇 번이나 왔다 갔다 했을 모습을 생각하니 감격스럽습니다.

오페라 '나부코'의 제 3막 '히브리 노예들의 합창'에 이런 내용이 있습니다.

오, 사랑하는 나의 잃어버린 조국이여
소중한 추억과 불행한 기억이 있는 곳
예언의 시인들의 황금 하프여
왜 버드나무 위에서 침묵하고 있는가!
우리 가슴 속 기억에 다시 잃어버린 불을 붙여
옛 시절 이야기를 들려다오

예루살렘의 잔혹한 운명을 위해
쓰디 쓴 비탄의 노래를 들려다오
아니면 우리가 고통을 이길 수 있도록
주님께 노래를 청해다오
자비를 베풀어 주시리
자비를 베풀어 주시리
베풀어 주시리!

이스라엘 역사를 보면, 오랫동안 타국에서 노예생활을 했던 큰 일이 두 번이나 있었습니다. 한 번은 430년 동안 애굽에서, 또 한 번은 약 70년 간 바벨론에서 포로가 되어 노예의 삶을 살았습니다.

바벨론에 끌려가 그 힘들고 어려운 상황 속에서 하나님께 부르짖은 기도, 그 고난 중에 부른 찬송이 바로 시편 137편입니다.

이 기도, 찬송에 영감을 받아 작곡한 것이 오페라 '나부코' 입니다.

"1 우리가 바벨론의 여러 강변 거기에 앉아서 시온을 기억하며 울었도다 2 그 중의 버드나무에 우리가 우리의 수금을 걸었나니 3 이는 우리를 사로잡은 자가 거기서 우리에게 노래를 청하며 우리를 황폐하게 한 자가 기쁨을 청하고 자기들을 위하여 시온의 노래 중 하나를 노래하라 함이로다 4 우리가 이방 땅에서 어찌 야훼의 노래를 부를까 5 예루살렘아 내가 너를 잊을진대 내 오른손이 그의 재주를 잊을지로다 6 내가 예루살렘을 기억하지 아니하거나 내가 가장 즐거워하는 것보다 더 즐거워하지 아니할진대 내 혀가 내 입천장에 붙을지로다 7 야훼여 예루살렘이 멸망하던 날을 기억하시고 에돔 자손을 치소서 그들의 말이 헐어 버리라 헐어 버리라 그 기초까지 헐어 버리라 하였나이다 8 멸망할 딸 바벨론아 네가 우리에게 행한 대로 네게 갚는 자가 복이 있으리로다 9 네 어린 것들을 바위에 메어치는 자는 복이 있으리로다"

여러분, 이토록 처절한 기도를 들어본 적이 있습니까? 그런데 그 처절한 기도 속에 찬송이 울려나옵니다. 절망 가운데 기도하십시오.
그리고 우리를 절망 속에서 건져내실 하나님을 찬양하십시오.

"이스라엘의 찬송 중에 계시는 주여 주는 거룩하시니이다" (시편 22편 3절)

유명한 작곡가 브람스Johannes Brahms는 '독일 레퀴엠'을 10여년에 걸쳐 작곡을 했습니다. 이 레퀴엠을 만들게 된 것은 그의 스승인 슈만과 어머니의 죽음이 계기가 되었습니다. 그는 7악장 전체를 시편 84편을 중심으로 이 레퀴엠을 만들었고, 특히 4악장은 시편 84편 1-4절을 인용한 것입니다.

감사 묵상

 "만군의 야훼여 주의 장막이 어찌 그리 사랑스러운지요 내 영혼이 야훼의 궁정을 사모하여 쇠약함이여 내 마음과 육체가 살아 계시는 하나님께 부르짖나이다 나의 왕, 나의 하나님, 만군의 야훼여 주의 제단에서 참새도 제 집을 얻고 제비도 새끼 둘 보금자리를 얻었나이다 주의 집에 사는 자들은 복이 있나니 그들이 항상 주를 찬송하리이다 (셀라)"

 그는 작곡을 마친 후에 친구에게 이렇게 말했습니다.

 "내 마음은 이제 위로받았네. 결코 극복할 수 없으리라 여겼던 장애를 이겨내고 높이, 아주 높이 비상중이라네."

나의 감사

_____

_____

_____

_____

_____

찬송시인
오베다이아 치솜

건강이 나빠 아무것도 할 수 없었던 치솜 목사님은 찬송시를 지을 때마다
하나님께서 건강을 더하서서 94세까지 장수하셨습니다.
무려 1,200편의 찬송시를 지었습니다.

토마스 오베다이아 치솜 Thomas Obediah Chisholm · 1866-1960 은 미국의 가난한 가정에서 태어나 독학으로 교사가 되었습니다. 그런데 건강이 악화되어 교사직을 내려놓고 집에서 쉬고 있던중 27세에 예수님을 영접하게 됩니다. 그 후 무디 신학교에서 신학을 공부하고 목사

가 되었지만 건강은 좋아지지 않았습니다. 그래서 1년여 만에 목회사역을 중단할 수밖에 없게 되었습니다. '내가 앞으로 어떻게 살아가야 할까?', 낙심 가운데 빠져 들었습니다.

그러던 1923년 어느 날, 성경을 읽다가 예레미야애가 3장 22-23절 말씀에 큰 은혜를 받았습니다.

"야훼의 인자와 긍휼이 무궁하시므로 우리가 진멸되지 아니함이니이다 이것들이 아침마다 새로우니 주의 성실하심이 크시도소이다"

이 말씀에 감동을 받아 지은 찬송시가 바로 찬송가 393장 '오 신실하신 주' Grate is Thy Faithfulness 입니다.

오 신실하신 주 내 아버지여 늘 함께 계시니 두렴 없네
그 사랑 변찮고 날 지키시며 어제나 오늘이 한결같네
봄철과 또 여름 가을과 겨울 해와 달 별들도 다 주의 것

만물이 주 영광 드러내도다 신실한 주사랑 나타내네
내 죄를 사하여 안위하시고 주 친히 오셔서 인도하네
오늘의 힘 되고 내일의 소망 주만이 만복을 내리시네
오 신실하신 주 오 신실하신 주 날마다 자비를 베푸시며
일용할 모든 것 내려주시니 오 신실하신 주 나의 구주

시카고에 위치한 무디 신학교 Moody Bible Institute 에서는 이 찬송이 교가로 불리어질 정도로 많이 불렀습니다. 당시 학톤 총장은 이 찬송을 너무 사랑해 입에 달고 살았다고 하며 그의 장례식 때도 이 찬송이 불리어졌습니다. 그 후 이 찬송은 빌리 그레이엄 전도단의 유명한 성악가 조지 베버리 쉐아가 불러 세계적으로 알려지게 되었습니다.

치솜 목사님이 어떻게 되었는지 아십니까? 고난 가운데도 찬송시를 지어 하나님을 찬양하자, 기적이 일어났습니다. 하나님의 은혜가 임했던 것입니다. 건강이 나빠 아무것도 할 수 없었던 치솜 목사님은 찬송시를 지을 때마다 하나님께서 건강을 더하셔서 94세까지 장수하였고, 무려 1,200편의 찬송시를 지었습니다.

"야훼는 나의 목자시니 내게 부족함이 없으리로다 그가 나를 푸른 풀밭에 누이시며 쉴 만한 물가로 인도하시는도다 내 영혼을 소생시키시고 자기 이름을 위하여 의의 길로 인도하시는도다" (시편 23편 1-3절)

일부다처제인 몰몬교 가정에서 28번째로 태어나 천덕꾸러기로 살 수 밖에 없었던 브라이언. 잦은 폭행과 학대와 무시를 견디다 못해 기독교로 개종하고, 하나님께 기도했더니, 주님의 응답이 임했습니다.

"브라이언, 내게 모두 맡겨라. 나는 내게 의지하고 맡긴 것만 도운다."

그제서야 자신의 상처 입은 모습, 깨진 자화상을 그대로 보았습니다. 전적으로 하나님께 의지하는 그리스도인이 되었습니다.

폭행을 일삼던 아버지를 용서할 수 있었고, 괴롭히던 형제들과 화해할 수 있었습니다. 그리고 목사가 되어 교도소를 순회하며 상처 입은 영혼들을 치유하는 사역자가 되었습니다. 브라이언은 고백합니다.

"하나님은 제 아버지가 되어주셨고, 저는 아바 아버지라며 부를 수 있었습니다. 하나님께서는 제 인생의 가장 추한 것들을 가장 아름다운 것으로 바꾸어주셨습니다. 저는 이제 평안을 얻었고, 제 영혼은 안전합니다."

나의 감사

예수
우리 왕이여

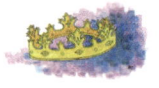

"주님께서 이 자리에 함께 계신다. 우리의 찬송에 함께 하신다. 주님께서 함께 하심으로 어두움이 떠나가고 기쁨이 충만하게 된다"는 믿음과 확신이 우러나왔습니다. 그는 즉시 기쁨에 찬 감동으로 찬송시를 지었습니다.

아일랜드에 폴 카일이란 신실한 크리스천 의사가 있었습니다. 늘 말씀을 묵상하고 기도하는 중에 "너의 그 직업을 가지고 복음을 전하는 일에 힘써라."는 주님의 음성을 들었습니다. 그래서 '커뮤니티 오브 더 킹'이란 기독교 단체를 만들어, 주로 젊은이들에게 복음을 전하는 사역에 나섰습니다.

어느 날 청년들이 모였는데, 카일의 눈으로 보기에 모두의 얼굴이 어둡고 뭔가에 짓눌려 있는 듯이 보였습니다.

그가 기타를 치며 찬양을 부르기 시작했습니다. 그러자 청년들의 얼굴이 환해지면서 함께 찬양을 부르기 시작했습니다.

문득 카일의 마음에 "이스라엘의 찬송 중에 계시는 주여 주는 거룩하시니이다" 라는 시편 22편 3절 말씀이 떠올랐습니다.

그리고 그의 마음속에 "주님께서 이 자리에 함께 계신다. 우리의 찬송에 함께 하신다. 주님께서 함께 하심으로 어두움이 떠나가고 기쁨이 충만하게 된다"는 믿음과 확신이 우러나왔습니다.

그는 즉시 기쁨에 찬 감동으로 찬송시를 지었습니다.

그 찬송시가 바로 복음성가 '예수 우리 왕이여' 입니다.

예수 우리 왕이여 이곳에 오셔서 보좌로
주여 임하사 찬양을 받아 주소서
주님을 찬양하오니 주님을 경배하오니
왕이신 예수여 오셔서 좌정하사 다스리소서

카일은 이렇게 신앙고백을 했습니다.

"이 노래는 제 노력의 결과가 아닙니다. 오직 '성령님의 능력'으로 작곡되어 순식간에 퍼져나간 것입니다. 이 노래는 '왕이신 예수님'께서 오셔서 좌정하사 다스리시라고 외칩니다. 아마 이 가사가 왕의 귀환을 애타게 기다리는 그리스도인들의 마음을 울렸을 것입니다."

우리의 찬양 가운데 주님이 왕으로 임하고 좌정하셔서 다스리시는 것입니다. 우리의 입술에서 원망과 불평이 나올 때에는 하나님의 은혜가 절대로 우리에게 임하지 않습니다.

야고보서 3장 8-10절에 이를 경고하는 말씀이 있습니다.

"혀는 능히 길들일 사람이 없나니 쉬지 아니하는 악이요 죽이는 독이 가득한 것이라 이것으로 우리가 주 아버지를 찬송하고 또 이것으로 하나님의 형상대로 지음을 받은 사람을 저주하나니 한 입에서 찬송과 저주가 나오는도다 내 형제들아 이것이 마땅하지 아니하니라"

오늘 이 시각부터 우리 입술에서 찬양과 감사만 주님 앞에 올려드리기로 다짐합시다. 같은 입술로 원망하고 불평하고 저주하지 않기로 결심합시다.

"하나님을 찬미하며 또 온 백성에게 칭송을 받으니 주께서 구원 받는 사람을 날마다 더하게 하시니라" (사도행전 2장 47절)

감사 묵상

어느 전도사가 늙은 과부를 심방하기 위해 좁은 진흙탕 길을 지나 찌그러지고 허술한 집을 방문했습니다. 안에 들어가 불을 켠 전도사는 방안 풍경에 할 말을 잊어버리고 말았습니다. 세상에서 가장 가난하고 고통받는 듯한 여인이 누더기 침상에 누어있는 것 같았습니다.

그의 얼굴은 먹물처럼 새까맣고, 삶에 찌든 주름살 자국으로 얽혀있고, 차가운 겨울밤인데도 불도 없이 빛도 없이 냉랭한 방에 쓰레기처럼 버려져 있었습니다.

그럼에도 불구하고 그의 눈은 성스러운 평안과 신뢰의 신앙으로 반짝이고 있었습니다. 그의 입은 끊임없이 "찬양하라, 영광, 할렐루야"를 부르고 있었습니다. 그 여인에게 남은 것이 있다면, 가난과 관절염과 하나님을 찬양하는 평화와 찬송뿐이었습니다.

나의 감사

'가시나무' 란 노래를 아십니까?

인기 정상에 올라가니 인기가 떨어질까 봐 마음이 늘 불안합니다. 이를 달래느라 술을 많이 마시게 되고 우울증에 빠지게 되었습니다. 결국 대마초에 손을 대면서 절망의 나락으로 떨어져 내려갔습니다.

'가시나무' 란 노래를 아십니까? 많은 사람들이 이 노래가 유행가인줄 알지만, 아닙니다. 이 노래는 신앙고백입니다.

그 가사의 '당신'이라는 표현은 예수님을 가리킵니다. 감동적인 노래입니다.

내 속엔 내가 너무도 많아 당신의 쉴 곳 없네.
내 속엔 헛된 바램들로 당신의 편할곳 없네.

내 속엔 내가 어쩔 수 없는 어둠 당신의 쉴 자리를 뺏고,

내 속엔 내가 이길 수 없는 슬픔 무성한 가시나무 숲 같네.

바람만 불면 그 메마른 가지 서로 부대끼며 울어대고
쉴 곳을 찾아 지쳐 날아온 어린 새들도 가시에 찔려 날아가고

바람만 불면 외롭고 또 괴로워 슬픈 노래를 부르던 날이 많았는데.
내 속엔 내가 너무도 많아서 당신의 쉴 곳 없네.

    지금은 목사가 되었지만, 과거에 '시인과 촌장'이란 이름으로 가수 활동을 했던 하덕규 선생이 지은 노래입니다.

    그는 가수로 이름을 날렸습니다. 그런데 인기 정상에 올라가니 인기가 떨어질까 봐 마음이 늘 불안했습니다. 이를 달래느라 술을 많이 마시게 되고 우울증에 빠지게 되었습니다. 결국 대마초에 손을 대면서 절망의 나락으로 떨어져 내려갔습니다.

    그의 누나가 그런 그를 교회로 인도하였고, 그는 예수님을 만나게 되었습니다. 그리고 그는 모든 결박에서 놓여남을 받게 되었습니다.

    그 은혜가 너무나 감사해서 써 내려간 곡이 바로 '가시나무' 입니다. 10분 만에 이 곡을 완성했다고 합니다.

    그가 이런 고백을 했습니다.

"욕심과 욕망이 가득한 나, 쉼을 얻지 못해 지치고 피곤한 나,
깨진 영혼의 날카로운 가시 때문에 누구도 다가올 수 없게 하는 나,
사랑하는 사람들에게 상처를 주어 돌아서게 하는 나,
어둠과 슬픔, 우울함이 가득한 가시나무 숲속 한 가운데 있는 나에게 주님이 찾아오셨습니다.

주님은 감당할 수 없는 깊은 슬픔을 노래하던 외로운 영혼인 저를 만나 주셨고, 구원을 베풀어 주셨습니다."

"이 천국 복음이 모든 민족에게 증언되기 위하여 온 세상에 전파되리니 그제야 끝이 오리라"
(마태복음 24장 14절)

나의 사랑하는 책 비록 해어졌으나
어머니의 무릎위에 앉아서
재미있게 듣던 말 그때일을 지금도
내가 잊지 않고 기억합니다.

    찬송가 199장 나의 사랑하는 책(My Mother's Bible)은 하나님 중심의 가정교육이 중요함을 깨우쳐주는 아름다운 찬송입니다.
    어머니가 사랑하며 읽으시던 성경으로 신앙생활을 하는 감격을 간증하는 내용의 이 찬송은 1893년 6월 보스톤에서 열린 세계 사역자 대회에 참석한 윌리엄즈 목사가 "성경"에 관한 설교를 준비하던중, 어머니가 임종때 물려주신 성경을 만지작 거리며 지은시입니다. 그러므로 찬송전체가 어머니에 대한 추억과 사랑이 점철된 성경이야기로 일관하고 있습니다.
    오늘날도 이 찬송은 우리의 가슴을 적시는 노래로 애창되며 자녀에게 믿음의 계승이 얼마나 중요한 지를 일깨워 줍니다.

미국을 뒤흔든 노래

"꿈이 산산조각 났을 때, 희망이 다 사라졌을 때, 아무 데도 갈 곳 없을 때, 당신은 어떻게 할 것인가요? 그때에는 언제나 변함없이 당신을 사랑하시는 분께 달려가십시오. 하나님의 계획은 나의 계획보다 더 원대합니다!"

1936년, 미국 인디애나주 알렉산드리아란 곳에 빌 게이더Bill Gaither라고 하는 한 소년이 태어났습니다. 그는 노래 부르기를 좋아했습니다.

고등학교 때 그는 누나와 동생과 함께 '게이더 트리오Gaither Trio' 란 보컬밴드를 만들었습니다. 그런데 아무도 들어주고 초청해주는 사람이 없었습니다. 자기 생각에 정말 기타연주도 잘하고 노래도 잘하는데 전혀 뜨지를 못하자 좌절하고 낙심했습니다.

그는 대학을 졸업하고 영어 선생님이 됐지만 노래를 부르고 싶은 꿈을 포기할 수가 없었습니다. 그러나 그가 할 수 있는 것이라고는 오직 하나님께 엎드려 기도하는 것뿐이었습니다.

"저의 꿈이 노래를 부르는 것입니다. 저에게 주신 이 찬양의 달란트로 마음껏 주님을 찬양하고 싶습니다."

그의 아내도 음악을 좋아해서 그의 아내가 작사하고 그가 작곡한 찬송곡이 많이 있습니다.

여러분이 잘 아는 '살아계신 주'도 이들 부부가 지은 것입니다.

이들이 세계적인 복음성가 가수로 알려지게 된 계기는 1963년, 그의 나이 27살 때 지었던 'He touched me' 때문입니다. 그는 포기하지 않았습니다. 도우시는 하나님의 손길을 의지했습니다. 그의 실패와 좌절의 경험을 찬양에 담아 간증하며 주님의 도우심을 만방에 알렸습니다.

'He touched me'의 가사는 이렇습니다.

"험한 나그네 세상 길 나의 맘이 곤할 때
사랑스런 주의 손길 오 나의 맘을 두드리네
주 붙드네 오 날 붙드네 넘치는 기쁨
내 맘에 근심걱정 나 없겠네 날 언제나 붙드네
주 붙드네 오 날 붙드네 넘치는 기쁨
내 맘에 근심걱정 나 없겠네 날 언제나 붙드네"

빌 게이더는 이렇게 고백했습니다.

"꿈이 산산조각 났을 때, 희망이 다 사라졌을 때, 아무 데도 갈 곳 없을 때, 당신은 어떻게 할 것인가요? 그때에는 언제나 변함없이 당신을 사랑하시는 분께 달려가십시오. 하나님의 계획은 나의 계획보다 더 원대합니다!"

이 찬송을 유명한 가수 엘비스 프레슬리Elvis Aaron Presley가 불렀고 온 미국을 뒤흔들어 놨습니다. 나중에 세상길로 나아갔지만, 엘비스 프레슬리도 교회 성가대 출신입니다.

이 곡을 발표하자 많은 사람들이 감동을 받았고 선풍적으로 인기를 끌었습니다. 이 후로 엘비스 프레슬리는 6번의 그래미상과 35번의 도브상을 수상했습니다. 그래서 '복음성가의 빌리 그래함'이라고 불리어지기도 했습니다.

"호흡이 있는 자마다 야훼를 찬양할지어다" (시편 150편 6절)

복음성가 '예수님 찬양'을 기억하십니까?

이 곡은 최고의 컨템프러리 재즈 기타리스트였던 잭 제즈로 Jack Jezzro가 작사한 것입니다.

"예수님 찬양 예수님 찬양 / 예수님 찬양 합시다
할렐루야 할렐루야 / 예수님 찬양합시다"

이 복음성가와 얽힌 재미난 이야기가 있습니다.

동자승들이 생활하는 절 옆에 교회가 있었는데, 교회에서 항상 찬송가를 틀어놓자 동자승들의 입에서도 찬송가 곡조가 흘러나왔습니다.

복음성가 '예수님 찬양' 곡조에 '관세음보살' 가사를 넣어 계속 흥얼거리고 다니자, 어느 날 주지승이 아이들을 모아놓고 물었습니다. "교회에 가서 제발 찬송가 좀 틀어놓지 말라고 부탁을 해야겠다. 누가 가겠니?"

아무도 가려 하지 않았습니다. 주지승이 슬픈 목소리로 다시 물었습니다. 그때 맨 뒤에 있던 동자승 하나가 손을 들고 비장하게 말했습니다. "스님, 제가 십자가를 지겠습니다."

내 주의 보혈은
정하고 정하다

" …어차피 죽을 목숨인데
무당 신보다 센 예수 신을 믿어보자는 심정으로
교회에 나왔습니다."

18 72년, 루이스 하트소우Louise Hartsaw 목사님이 '내 주의 보혈은…' 이란 찬송을 지었습니다. 그때까지 감리교 목사로 말씀을 전했지만, 감동이 없었고 십자가의 능력도 없었습니다.

그러던 어느 날 아이오와 주의 한 교회에서 부흥회를 인도하는데 성령의 은혜가 임했습니다. 예수 그리스도의 보혈의 능력을 체험하게 된 것입니다. 무릎을 꿇고 눈물을 흘리며 십자가 없이 목회해 왔음을 철저하게 회개했습니다. 그리고 보혈의 능력을 찬양했습니다.

루이스 목사는 그 보혈의 감격을 이렇게 기록했습니다.

"'갈보리에서 흐르는 고귀한 보혈로 죄를 씻으라'. 부르시는 주님의 음성을 듣습니다.

나약하고 추하지만 주께서 내게 힘을 보증하시고 내 추함을 씻으시어 흠 없고 순전하게 하십니다."

이것이 후에 찬송시가 되고, 곡을 붙여서 찬송가 254장 '내 주의 보혈은'이 탄생되었습니다. 무디의 복음집회에서 찬송을 인도하던 생키는 이 찬송가를 결신자 초청송으로 계속 사용했습니다.

지금까지도 이 찬송은 결신자 초청송으로 자주 사용되고 있습니다.

"내 주의 보혈은 정하고 정하다
내 죄를 정케하신 주 날오라하신다
내가 주께로 지금 가오니
십자가의 보혈로 날 씻어 주소서"

이 보혈 찬송으로 폐결핵을 고침 받고 주의 종으로 쓰임 받고 있는 분이 있습니다. 바로 안산제일교회를 담임하고 있는 고훈 목사님입니다.

아버님께서 폐결핵으로 돌아가셨는데 자신도 20세에 폐결핵에 걸렸습니다.

그 충격에 자살하려고 마음먹었습니다.

어느 날, 이런 소문을 들었습니다.

성탄절에 교인들이 새벽송을 돌고 있었는데, 굿을 하던 무당 두 명이 그 찬송 소리를 듣고 그냥 쓰러져버렸다는 것입니다.

"예수 신이 무당 신보다 세다."

이 소문을 듣고, 고훈 청년은 어차피 죽을 목숨인데 '무당 신보다 센 예수 신을 믿어보자'는 심정으로 교회에 나왔다고 합니다.

그는 성경을 읽고 기도 했습니다.

"폐결핵 고쳐주시고 살려주시면 신학교를 가서 주의 종이 되겠습니다. 그리고 불쌍한 사람을 돌보겠습니다."

밤마다 교회 가서 찬송을 부르고 기도를 하는데, 폐결핵 때문에 자꾸 기침을 하니 잘 할 수가 없었습니다.

그래서 "저도 다른 청년처럼 속 시원하게 마음껏 찬송을 부르게 해 주세요." 하고 간절히 기도하고, 또 기도했습니다.

그러던 어느 날 밤, 기도하는 중에 찬송이 터져 나왔습니다. 바로 '내 주의 보혈은' 찬송입니다.

"그 피가 맘속에 큰 증거됩니다
내 기도소리 들으사 다 허락하소서
내가 주께로 지금 가오니
십자가의 보혈로 날 씻어주소서"

그 순간 보혈의 능력이 임했습니다. 폐결핵이 떠나가 버렸습니다. 병을 고침 받았습니다.

고훈 목사님은 당시의 감동을 이렇게 고백하고 있습니다.

"목이 터지도록, 밤이 깊어가는 줄도, 날이 새는 줄도 모르고, 반복해서 온 몸이 땀에 젖도록 불렀습니다. 회개와 감사와 기쁨과 은혜 속에서, '찬송'으로 나는 '보혈의 세례'를 받고 있었습니다.

나는 병에서 고침을 받았고 무수한 시련과 환난을 '보혈 찬송'으로 여러 번 넘겼습니다.

또한 그 후에도 목사님은 간암 등의 질병으로 죽을 고비를 바로 이 '보혈 찬송'으로 세례를 받고 오늘까지 생존하는 은혜 속에 살고 있습니다."

"날 오라 하심은 온전한 믿음과
또 사랑함과 평안함 다 주려함이라
내가 주께로 지금 가오니
십자가의 보혈로 날 씻어주소서"

"내 영혼아 내가 어찌하여 낙심하며 어찌하여 내 속에서 불안해 하는가 너는 하나님께 소망을 두라 나는 그가 나타나 도우심으로 말미암아 내 하나님을 여전히 찬송하리로다" (시편 42편 11절)

"주님이 홀로 가신 그 길 나도 따라 가오
모든 물과 피를 흘리신 그 길을 나도 가오
험한 산도 나는 괜찮소 바다 끝이라도 나는 괜찮소
죽어가는 저들을 위해 나를 버리길 바라오
아버지 나를 보내주오 나는 달려가겠소
목숨도 아끼지 않겠소 나를 보내주오 …"

그 유명한 복음성가 '사명' 입니다. 작곡가 이권희 집사님은 안타까운 아프리카 선교 동영상을 보게 되었고, 기도중에 놀라운 체험을 했습니다.

순간 몸이 뜨거워지면서 환상을 보았는데, 하늘에 눈부시게 흰옷을 입은 하나님 아버지가 자신을 모른 채 죽어가는 이 땅의 수많은 백성들을 보시면서 가슴 아파 하셨습니다. 그 모습을 보시고 독생자 예수님은 하나님 아버지께 험한 산도 괜찮고, 바다 끝도 괜찮으니 보내달라고 간구했습니다. 그 환상의 감격을 악보에 적은 것이 바로 복음성가 '사명' 입니다.

나의 감사

가장 귀한 직함
'집사'

" …어차피 죽을 목숨인데
무당 신보다 센 예수 신을 믿어보자는 심정으로
교회에 나왔습니다."

정요한 집사는 세계적인 바이올린리스트입니다. 그는 평양음대와 러시아 차이코프스키 음악원을 졸업한 뒤 유명 콩쿠르에서 여러 차례 입상하고, 8년 동안 김정일의 전용악단의 단장과 평양음대 교수로 재직했습니다.

그런데 이분이 2009년 자신이 가진 모든 명예와 지위를 내려놓은 채 북한을 탈출합니다. 이유는 단 하나, 어떻게든 예수님을 잘 섬기고, 자유롭게 하나님을 찬양하는 인생을 살고 싶어서였습니다. 북한에서 태어난 그가 예수님을 믿게 된 건 동유럽에서 교환교수로 있을 때였습니다.

어느 날 그곳의 교수 한 사람이 찾아와 전도를 했습니다.

"정 교수님, 저와 교회에 나갑시다."

"미안합니다. 저는 교회에 갈 수 없어요. 게다가 저는 기독교에 관심이 없습니다."

이렇게 거절하는데도 여러 차례 찾아와 자꾸만 "교회 한번 나가 보세요" 하고 말해주었습니다. 그런데 하루는 그 말이 마음에 와 닿더니 자기도 모르게 평생을 숨겨온 가정사를 그분에게 털어놓고 이야기하게 되었습니다.

"실은 할아버지가 장로님이었어요. 어릴 때 할아버지는 저를 무릎에 앉히고는 기도를 해주셨지요. 그런 할아버지가 장로라는 이유로 평양에서 추방을 당해 외딴곳에 수용되어 갖은 핍박을 받다가 돌아가셨습니다."

이렇게 마음 문을 열고 이야기를 하고 나니 교회에 갈 용기가 생겼습니다. 그렇게 처음으로 찾아간 교회 문 앞에서 그는 잠깐 망설여졌습니다. 바로 그때 찬송가의 선율이 들렸고, 순간 불안하던 마음이 평화로워지더니 자신도 모르게 교회 안으로 발걸음을 옮기고 있었습니다.

그는 이날의 감격을 이렇게 말했습니다.

"세상에 태어나서 그날처럼 눈물과 콧물을 흘리며 감격스러웠던 적

이 없습니다. 찬송가 가사와 음률이 저를 온통 뒤흔들어 놓은 다음, 이 번에는 저의 인생을 송두리째 사로잡는 말씀을 들었습니다. '진리를 알지니 진리가 너희를 자유롭게 하리라!'는 말씀을 들었는데, 그날의 예배가 저의 운명을 바꾸었습니다."

정요한 집사는 그날의 기쁨을 잊을 수 없어 매주 몰래 교회에 나가기 시작했습니다. 그런데 이 사실이 대사관에 알려지게 되어 그는 강제로 북송될 위험에 처하게 되었고, 그래서 탈북을 하게 된 것입니다.

대한민국에 온 그는 교회부터 찾았습니다. 찬양대 오케스트라의 연주를 듣는 순간, 자신도 바이올린으로 하나님께 영광을 돌리고 싶었습니다. 그러나 바이올린을 살 만한 돈이 없었어요. 어느 날 겨우 10만 원을 준비해 악기점을 찾았습니다. 그 돈으로는 제대로 된 바이올린을 살 수 없다는 걸 알았으나 무턱대고 간 것이지요. 악기점 이곳저곳을 돌아보다가 마음에 드는 바이올린을 하나 발견해 연주를 한번 해본 뒤 값을 물어보니 주인이 300만원이라고 했습니다.

엄두도 못 낼 가격이라 바이올린을 내려놓고는 어깨가 축 늘어져 돌아서는데, 그의 등 뒤에서 "저기, 잠깐만요!" 하는 소리가 들렸습니다. 악기점 주인이었습니다.

"이 바이올린 제가 선물하겠습니다."

하나님께서 정 집사님의 연주를 통해 악기점 주인의 마음을 감동시키신 것이었습니다. 이렇게 해서 그는 생명처럼 소중한 바이올린이 생겼습니다. 돌아와 밤을 새워 바이올린 연주로 하나님을 찬양했겠지요.

하나님은 그를 위해 새로운 은혜를 또 주셨습니다. 사랑하는 아내를 만난 것입니다. 김예나 집사님, 이분도 평양음대를 졸업한 피아니스트로 순교자의 집안에서 자라 믿음의 뿌리를 가진, 탈북한 아리따운 여인입니다. 두 사람은 함께 믿음의 가정을 꾸리고, 또 함께 여러 곳을 방문하여 바이올린과 피아노 연주를 하며 예수님을 간증합니다.

또 북한을 탈출하여 남한에 와 있는 분들이 신앙 안에서 잘 정착하도록 돕는 일도 감당하고 있습니다.

여의도순복음교회에 와서도 연주를 한 뒤 간증을 했는데 정 집사님의 간증을 지금도 기억합니다.

"북한에 있을 때 저에게는 김정일음악단 단장과 평양음대 교수 등 여러 화려한 직함들이 많았습니다. 그러나 남한에 와서 이 모든 직함보다 귀하고 소중한 직함을 얻었습니다. 그게 바로 '집사'입니다. 하나님을 마음껏 믿고 싶어서 탈북한 사람이다 보니 저에게는 '집사'보다 더 귀한 직함이 없습니다."

그 말씀을 들으며 "나는 과연 하나님께서 내게 주신 '목사'의 직함을 저렇게 귀하게 여기면서 살고 있는가?" 자문해보았습니다.

"너는 범사에 그를 인정하라 그리하면 내 길을 지도하시리라" (잠언 3장 6절)

기도의 사람 E. M. 바운즈 목사님의 말씀입니다.

감사 묵상

"간절한 마음이 없는 기도는 공허한 빈껍데기, 곧 헛된 말장난에 불과하다. 하나님은 간절한 마음이 있는 곳에 임하신다. 참 예배는 간절함의 영이 가득한 곳에서 나타난다. 기도의 핵심은 간절한 마음이다. 간절한 마음은 하나님을 모든 일의 중심으로 삼는다. 간절한 마음은 단지 기도할 때나 교회에 나가서 하나님을 인정하는 것이 아니라 범사에 하나님을 인정한다. 간절함을 통해 세상의 속된 일도 거룩해지고 작은 일도 위대해진다."

간절한 마음이 간절한 기도가 되고, 또 감사의 씨앗이 됩니다.

나의 감사

감사 기도

오, 하나님.
저희 모두의 집인 이 우주로 인해 감사드립니다.

그 광대함과 풍요로움으로 인해
그 안에 살고 있는 생명의 다양함으로 인해
그 생명의 일부로 저희를 지으심으로 인해
주님께 감사드립니다.

드높은 하늘과 복된 바람
떠다니는 구름과 하늘의 별로 인해
주님을 찬양합니다.

짜디짠 바다와 흐르는 물
끝없이 이어지는 언덕과 나무들
별 아래 널려 있는 풀들로 인해
주님께 감사드립니다.

아침의 영광을 볼 수 있는 눈
사랑의 감미로운 노래를 들을 수 있는 귀
봄의 냄새를 맡을 수 있는 코를 주심에
주님께 감사드립니다.

이 모든 기쁨과 아름다움에
활짝 열린 마음을 주시고
제 영혼이 근심에 짓눌리거나
정욕으로 어두워지지 않도록 하시어
지나는 길에 있는 가시덤불이
하나님의 영광으로 불타는 모습을
지나쳐가지 않도록 도우소서.

_월터 라우셴부쉬

순전한 감사
넘치는 은혜

초판 1쇄 인쇄_ 2016년 4월 15일
초판 1쇄 발행_ 2016년 4월 20일

엮은이_ 이영훈
펴낸곳_ 아름다운동행
일러스트_ 민경숙
캘리그래피_ 임동규
디자인_ 박지영
등록_ 2006년 10월 2일 등록번호 제 22-2987호
주소_ 서울시 서초구 효령로 304(서초동) 국제전자센터 1509호
홈페이지_ www.iwithjesus.com
전화_ 02-3465-1520~4   팩스_ 02-3465-1525

ISBN 979-11-956751-0-4
값_ 15,000원